Werner Laubi · **Der Friedenskönig**

T V Z

Werner Laubi

Der Friedenskönig

Jesusgeschichten für Kinder

Mit 20 farbigen Illustrationen von Barbara Connell

Theologischer Verlag Zürich

Wir danken der Evangelisch-Reformierten Landeskirche des Kantons Zürich,
insbesondere der Fachstelle «Pädagogik und Animation», H50,
für die grosszügige Unterstützung dieses Buchprojektes.

Diesem Buch ist ein Malbogen mit Zeichnungen von Barbara Connell beigelegt.
Weitere Malbogen (Mindestmenge 5 Stück) können über den Buchhandel
oder direkt beim Verlag gegen Rechnung bestellt werden unter der ISBN 3-290-17289-9.
Copyright © TVZ Theologischer Verlag Zürich: www.tvz-verlag.ch.

Buchillustrationen:
Barbara Connell,
Atelier für Gestaltung und Illustration, CH-Volketswil
www.atelier-wiz.ch

Umschlaggestaltung:
g : a gataric : ackermann www.g-a.ch
Satz:
MAUS Interaktiv GmbH, D-Konstanz
Druck:
Druckerei Ernst Uhl GmbH & Co, D-Radolfzell

ISBN 3-290-17272-4
© 2003 Theologischer Verlag Zürich
www.tvz-verlag.ch

Liebe Leserin, lieber Leser
Liebe Erzählerin, lieber Erzähler...

In diesem Buch stehen Geschichten, die Jesus vor langer Zeit erzählt
hat. Seine Jünger und Jüngerinnen haben die Geschichten weiter
erzählt. Sie haben andern Frauen, Männern und Kindern auch von dem
berichtet, was sie mit Jesus erlebt haben.

Später schrieben wieder andere Menschen all das auf. Diese Menschen
lebten, als es noch keinen elektrischen Backofen, noch kein Telefon,
kein Fernsehen, keine Kassettengeräte, ja noch nicht einmal ein Velo
gab. Nur wenige konnten lesen und schreiben. Und doch fühlten jene
Menschen gleich wie wir heute. Denn schon damals gab es Kriege und
Unglück, Trauer und Angst. Aber es gab auch die Botschaft des
Friedenskönigs Jesus.

Sein Leben und seine Geschichten machten denen, die sie hörten, Mut.
Sie verbreiteten Hoffnung und Freude. Das ist bis heute so geblieben.
Darum werden diese alten Geschichten, die jeden Tag neu sind, auch
bis zum heutigen Tag erzählt.

Jesus wird geboren

Im Dorf Nazaret wohnen Josef und Maria. Ihr Haus ist klein. Es hat nur ein einziges Zimmer. Maria sitzt auf dem Boden und dreht den Stein der Handmühle. Sie mahlt aus Korn Mehl. Aus Mehl und Wasser knetet sie den Teig. Aus dem Teig backt sie Brot. Maria pflanzt im Garten Zwiebeln, Gurken, Linsen, Bohnen. Am Abend breiten Maria und Josef am Feuer ihre Schlafmatten aus.

Neben dem Haus liegt die Werkstatt. Josef ist Schreiner. Er sägt Bretter. Aus den Brettern macht er Tische, Bänke, Stühle, Truhen. Gerade hat er eine Wiege fertig gestellt. Maria hilft ihm. Sie wischt mit einem Lappen den Holzstaub weg. Sie streicht mit der Hand über das glatte braune Holz. Das Holz riecht gut. Maria denkt: «In dieser Wiege schläft unser Kind besser als ein König in seinem Palast.» Maria hat ein Kind im Bauch. Bald soll es auf die Welt kommen.

Da befiehlt der Kaiser Augustus: «Ich will wissen, wie viele Frauen, wie viele Männer und wie viele Kinder in meinem Land leben. Alle Kinder, Männer und Frauen müssen dorthin gehen, wo sie auf die Welt gekommen sind. Dort sollen ihre Namen in ein Buch geschrieben werden.»

Die Menschen machen sich auf den Weg. Gibt das ein Hin und ein Her, ein Kommen und Gehen auf den Strassen und Wegen! Viele reisen zu Fuss. Ihre Sandalen und Kleider sind staubig. Einige reiten. Dort fährt eine ganze Familie auf einem Wagen. Eine Kuh zieht den Wagen. Das geht gemächlich vorwärts. Auch Josef und Maria sind unterwegs. Maria bereitet das Gehen Mühe, weil sie schwanger ist. Sie sitzt auf dem Esel. Sie denkt: «Hoffentlich sind wir wieder zu Hause, wenn unser Kind auf die Welt kommt. Dann kann es in der Wiege schlafen.»

Der Weg führt über Berge und durch Täler, durch Wüste und Wälder, vorbei an Weiden. Maria hat Durst. Wo gibt es Wasser? Dort grasen Schafe! Dort steht der Hirt! Da gibt es einen Brunnen! Das Wasser ist auf dem Grund einer Grube. Ein Seil mit einem Lederkessel liegt neben der Grube. Josef wirft den Lederkessel in die Grube und schöpft Wasser. Er kauft beim Hirten Milch und Käse. Brot haben sie von zuhause mitgenommen.

Nach vielen Tagen kommen sie nach Betlehem. Josef klopft an die Türe eines Gasthofs. «Meine Frau bekommt ein Kind!», sagt er zum Wirt. «Hast du ein Zimmer für uns?» Der Wirt schüttelt den Kopf: «Alles besetzt!»

Josef geht von Gasthof zu Gasthof. Er geht von Haus zu Haus. Er fragt die Menschen: «Hast du ein Zimmer für uns?» «Nein», sagen die Menschen. «Alle Zimmer sind besetzt.» Endlich sagt eine Frau: «Geht in den Stall. Neben dem Ochsen hat es noch Platz für euch.»

Im Stall steht ein Ochse bei der Futterkrippe. Er muht leise. Der Esel ist müde. Er senkt den Kopf. Er schliesst die Augen. Josef bereitet für Maria ein Lager aus Stroh.

In der Nacht bringt Maria ihr erstes Kind auf die Welt. Es ist ein Knabe. Maria wickelt das Kind in Windeln. Sie legt es auf das Heu in der Futterkrippe. Maria und Josef sind voller Freude. Sie umarmen sich. Maria sagt: «Unser Kind soll Jesus heissen.»

Vor dem Dorf Betlehem liegt ein grosses Feld. Dort hüten Hirten ihre Schafherden. Mit einem Mal wird es hell. Ein Licht strahlt auf. Es ist heller als das Licht der Sonne. Im Lichtstrahl steht ein Engel Gottes. Die Hirten erschrecken. Sie haben Angst. Da sagt der Engel: «Ihr müsst keine Angst haben. Freut euch! Denn heute ist Jesus auf die Welt gekommen. Er ist ein mächtiger König. Er ist der Friedenskönig, auf den die Menschen so lange gewartet haben. Gott schickt ihn zu den Menschen. Jesus bringt ihnen kein Geld. Kein Gold. Keinen Reichtum. Er bringt das Kostbarste: Freude und Liebe. Geht zu ihm!»

Die Hirten staunen. Sie fragen: «Woran sehen wir, dass Jesus ein König ist? Wohnt er in einem grossen Palast? Trägt er eine Krone auf dem Kopf? Funkeln an seiner Wiege Edelsteine? Hat er kostbare Kleider an?»

«Nein», gibt der Engel zur Antwort. «Ihr findet ein ganz kleines Kind. Es ist diese Nacht auf die Welt gekommen. Es liegt in einem Stall. In einer Futterkrippe. Es hat Windeln an wie alle kleinen Kinder.»

Auf einmal erscheinen um den Engel viele andere Engel. Sie rufen: «Ehre sei Gott in den Höhen. Friede auf Erden. Gott hat alle Menschen gern.»

Da erlöscht das Licht. Die Engel sind nicht mehr da. Es ist dunkel. Die Hirten sagen zueinander: «Kommt, wir gehen nach Betlehem. Wir wollen den Heiland sehen.»

Sie laufen zum Stall. Sie finden Maria, Josef und das Kind. Sie knien vor ihm nieder. So, wie man vor einem König niederkniet. Sie erzählen, was ihnen der Engel gesagt hat. Alle staunen. Dann kehren die Hirten zu ihren Schafen zurück.

In der Werkstatt des Vaters

Jesus ist sieben Jahre alt. Er hat sechs Geschwister. Die älteste Schwester heisst Mirjam, die jüngste Ruth. Die Brüder heissen Jakob, Joses, Judas und Simon. Mirjam ist sechs Jahre alt. Sie hilft der Mutter bei der Arbeit. Sie ist stark. Sie geht zum Brunnen. Sie füllt den Krug mit Wasser. Sie trägt den Krug auf ihrem Kopf zur Mutter. Sie melkt die beiden Ziegen. Sie schaut zum einjährigen Simon. Wenn er weint, singt sie ihm ein Schlaflied.

Mirjam ist mit der Arbeit fertig. Sie fragt die Geschwister: «Was wollen wir spielen?» «Hochzeit!» ruft Jakob. Mirjam ist die Braut. Sie bindet sich ein blaues Tuch um den Kopf. Joses ist der Hochzeitsgast. Er schenkt Mirjam einen Stein. Der Stein glitzert in der Sonne. Jakob ist der Bräutigam. Mirjam muss ihm mit Holzkohle einen Bart ins Gesicht malen. Sie lachen. Sie halten sich die Hände und tanzen im Kreis.

Judas ist drei Jahre alt. Er will nicht Hochzeit spielen. Er geht mit Jesus in die Werkstatt des Vaters. Am Boden liegen viele kleine Holzklötze. Jesus stapelt sie zu einem Turm. Der Turm wird höher und höher. Judas greift nach dem Turm. Der Turm fällt zusammen. Judas jauchzt vor

Freude. Jesus reicht Judas ein paar Holzstücke. «Das ist ein Esel», sagt er. «Das ist eine Ziege. Das ein Schaf. Und das ist der Wolf. Du bist der Hirt. Pass auf, dass der Wolf den Esel, das Schaf und die Ziege nicht frisst!»

Judas spielt. Jesus geht zum Vater. Er schaut ihm bei der Arbeit zu. Der Vater fertigt mit der Axt aus einem Baumstamm Balken. Er sägt Bretter. «Sind die Balken und Bretter für ein Schiff?», fragt Jesus. «Ja», sagt der Vater. «Ein Fischer aus Kafarnaum am See Gennesaret hat das Schiff bestellt. In ein paar Tagen ist alles bereit. Dann bringe ich die Balken und Bretter zum See. Dort setzen wir das Schiff zusammen.»

«Darf ich mitkommen und zusehen?», fragt Jesus. Der Vater nickt.

Jesus stürmt zur Mutter. «Ich darf mit nach Kafarnaum! An den See! Zu den Fischern!»

Zwei Eseltreiber helfen dem Vater. Sie laden Balken und Bretter auf die Rücken der Tiere. Jesus umarmt die Mutter. Sie legt ihm die Hand auf den Kopf. «Der Weg ist gefährlich», sagt sie. «Gott ist mit dir. Er beschützt dich.»

Kafarnaum liegt tief unten im Tal. Der Weg führt an Felsen vorbei und

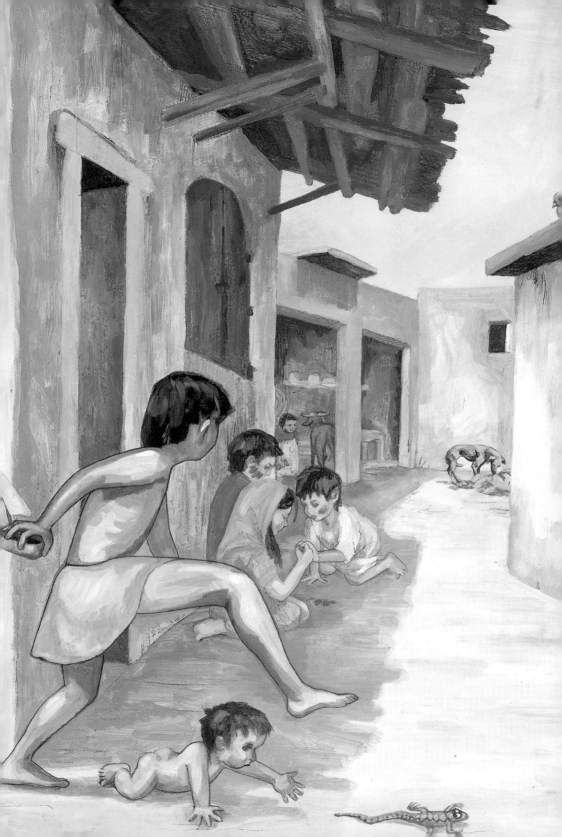

durch Wälder. Die Männer gehen langsam und vorsichtig. Hinter Felsen und Bäumen können Räuber lauern.

«Hast du Angst?», fragt ein Eseltreiber Jesus. Jesus schüttelt den Kopf. «Die Mutter hat gesagt: ‹Gott beschützt dich.› Und der Vater ist auch bei mir.»

Da lichtet sich der Wald. Jesus sieht das Tal. Es liegt in der Abendsonne. Durch die grünen Weiden windet sich der Jordanfluss. Jesus sieht den blauen See Gennesaret. Auf dem See schwimmen Schiffe. Ihre Segel blähen sich im Wind. «Es sind Fischerboote», sagt der Vater. «Die Fischer fahren am Abend zum Fischfang. Am Morgen sind die Netze voll von Fischen. Dann kehren die Fischer zurück.»

Sie kommen in die Stadt Kafarnaum. Jesus hat noch nie eine Stadt mit so vielen Menschen gesehen. Er fragt den Vater: «Was ist das für ein grosses Haus?» – «Das Zollhaus. Wer etwas in der Stadt verkaufen will, muss Zoll bezahlen.» Aus dem Haus kommt ein Mann. Es ist der Zöllner. Er schaut die Balken und die Bretter auf den Eseln genau an. Er sagt zum Vater: «Du musst mir ein Silberstück Zoll bezahlen.» Der Vater reicht dem Zöllner das Geld.

«Wer sind die Männer mit den blitzenden Helmen?», fragt Jesus.

«Die Soldaten des Königs Herodes», antwortet der Vater.

«Warum liegt der Mann dort auf dem Boden? Warum ist sein Gesicht so traurig? Warum streckt er uns seine Hand entgegen!»

«Der Mann ist lahm. Er kann nicht gehen. Er kann nicht arbeiten. Er bettelt. Er hat Hunger. Er will Brot.»

Sie kommen an schönen Häusern vorbei. Die Häuser stehen in Gärten mit Bäumen und Blumen. «Hier wohnen die reichen Leute von Kafarnaum», sagt einer der Eseltreiber. «Und dort, in den schmutzigen Häusern, wohnen die Armen.»

Bei einem Fischerhaus laden sie die Bretter und Balken ab. Sie schlafen auf dem Boden im Haus des Fischers. Am andern Tag hilft Jesus dem Vater und dem Fischer beim Bauen des Fischerbootes.

Ein paar Tage später gehen sie zurück nach Nazaret. Jesus erzählt der Mutter von der Stadt Kafarnaum, von dem Zöllner, von dem kranken Bettler mit dem traurigen Gesicht. Er erzählt ihr von den Fischern und den reichen Leuten. Er erzählt ihr vom gefährlichen Weg. Er sagt: «Ich habe keine Angst gehabt. Der Vater hat mich an der Hand gehalten.»

Am Fest in Jerusalem

Jesus lernt in der Schule lesen und schreiben. Nach der Schule hilft er seinem Vater in der Schreinerei. Am Abend begleitet er Vater und Mutter auf den Platz beim Brunnen. Die Männer sitzen in einem Kreis beisammen. Um sie herum sitzen auch die Frauen, Mädchen und Knaben in einem Kreis.

Jeden Abend erzählt ein Mann oder eine Frau eine Geschichte. Eine Geschichte von früher: Die Geschichte von den ersten Menschen. Die Geschichte von Noah und dem Regenbogen. Eine Geschichte aus der Zeit, als die Menschen noch in Zelten wohnten. Die Geschichte vom König David. Jesus hört für sein Leben gern Geschichten.

Eine Frau sagt: «Bald findet das Fest in Jerusalem statt. Wir müssen uns auf die Reise vorbereiten.»

«Du bist jetzt gross», sagt der Vater zu Jesus. «Du darfst an das Fest in Jerusalem mitkommen.»

«Ich bin auch gross», ruft Ruth. «Ich will auch mitkommen!» Die Mutter

lächelt. «Bis du wirklich gross bist, musst du noch viel Suppe essen.
Der Weg nach Jerusalem ist weit. Du musst unterwegs viele Male
schlafen.»

Ruth macht einen Schmollmund. Sie schmiegt sich an Jesus. «Gibt es am
Fest in Jerusalem Kuchen?», fragt sie. «Feigenkuchen? Und Trauben-
kuchen? Und Mandelplätzchen? Und Pasteten? Wie bei einem Hochzeits-
fest? Spielt die Musik? Tanzen die Männer, die Frauen und die Kinder?»
Jesus legt den Arm um Ruth. «In Jerusalem ist ein Dankfest. Es findet
beim Tempel statt. Der Tempel ist ein grosses, wunderschönes Haus. Sein
Dach ist vergoldet. Die Menschen gehen auf den grossen Platz vor dem
Tempel. Sie singen. Sie beten. Sie danken. Sie sagen: ‹Lieber Gott, du bist
so freundlich. Du hast uns dieses schöne Land geschenkt. Du lässt Feigen
und Trauben und Mandeln wachsen. Wir müssen keinen Hunger haben.
Lieber Gott, wir danken dir.›»

Ein paar Tage später machen sich die Menschen aus Nazaret auf den
Weg. Nach vielen Tagen sehen sie die Stadt Jerusalem. Sie liegt hinter
der Stadtmauer. Auf einem Hügel steht der Tempel. Die Menschen
strömen durch das Tor in die schmalen Gassen. Ist das ein Gedränge,
ein Rufen, ein Winken! Arme Frauen und Männer strecken Jesus ihre
Hände entgegen. «Brot!», rufen sie. Eine Frau kriecht auf dem schmutzigen Boden herum. Sie kann nicht gehen. Ihre Beine sind lahm. Ein

Mann treibt sein Kamel an Jesus vorbei. Am Hals des Kamels bimmeln kleine Glöckchen. Jesus eilt seinen Eltern nach. Eine Marktfrau ruft: «Feigenkuchen! Kauft meine süssen knusprigen Feigenkuchen!» Aus den Gaststätten duftet es nach warmer Suppe, nach Pasteten und Fisch.

Jesus hat seine Eltern eingeholt. Bald erreichen sie das Gasthaus. Auf dem Tisch stehen Teller mit Brot, Oliven und getrockneten Fischen. Aber Jesus ist so müde, dass er gleich einschläft.

Früh am andern Morgen wecken ihn die Eltern. Sie gehen durch die Gassen. Durch ein Tor kommen sie zum Platz vor dem Tempel. Da geht die Sonne auf. Das vergoldete Dach und die weissen Steine des Tempels leuchten wie Feuer. Auf dem Platz verkaufen Männer Schafe, Ziegen und Tauben. Der Vater kauft zwei Tauben. Er gibt sie dem Priester, der beim Tempel steht. «Ein Geschenk für Gott», sagt der Vater.

Jesus sieht am Rand des Platzes eine Halle. In der Halle sitzen Männer beisammen. Sie sitzen auf Kissen am Boden. Sie reden miteinander. Manchmal leise. Dann wieder laut. Jesus geht zu den Männern. Er setzt sich auf den Boden. Er lauscht auf das, was die Männer sagen. Sie erzählen Geschichten. Geschichten aus der alten Zeit. «Ich kenne auch Geschichten», sagt Jesus. Einer der Männer schaut ihn streng an:

«Schweig!», sagt er. «Du bist noch ein Bub.» «Er ist kein Bub mehr», sagt ein anderer Mann. «Bald wächst ihm ein Bart. Erzähl uns eine Geschichte!»

Jesus erzählt die Geschichten, die er zu Hause auf dem Platz vor dem Brunnen gehört hat. Alle hören gespannt zu. Sie staunen, weil Jesus so viel weiss.

Zur gleichen Zeit gehen Maria und Josef zurück in das Gasthaus. Sie suchen Jesus. Sie fragen den Wirt: «Ist Jesus hier?» Der Wirt schüttelt den Kopf. «Er ist bestimmt im Basar. Dort, wo es Honigbrot, Rosinenkuchen und andere Schleckereien gibt.»

Vater und Mutter suchen Jesus. Sie gehen durch die Gassen. Sie eilen an den Läden im Basar vorbei. Sie haben Angst. «Hoffentlich ist ihm nichts passiert!», sagt Maria. Josef ruft: «Jesus! Jesus!» Niemand antwortet. Das Tor zum Platz vor dem Tempel ist noch offen. Bald wird es geschlossen. Nur noch wenig Menschen sind auf dem Platz. Da ruft Maria: «Dort! Ich sehe Jesus! In der Halle!»

Jesus sitzt noch immer bei den Männern. Maria umarmt Jesus: «Vater und ich haben dich überall gesucht», sagt sie. «Wir haben Angst um dich gehabt. Warum machst du uns solchen Kummer?»

«Ihr wisst doch, dass ich am liebsten dort bin, wo Menschen von Gott erzählen», sagt Jesus. Er geht mit seinen Eltern in das Gasthaus. Dann kehrt er mit ihnen nach Nazaret zurück.

Johannes tauft Jesus

Jesus ist ein Mann geworden. Sein Vater Josef ist alt. Seine Haare sind weiss. Wenn er geht, stützt er sich auf einen Stock. Von den schweren Balken und Brettern ist sein Rücken krumm geworden. Jetzt sitzt er auf der Bank in der Werkstatt. Er schaut seinen Söhnen zu. Joses schlägt mit der Axt Kerben in einen Balken. Judas sägt Bretter. Simon hobelt. Jesus und Jakob laden dem Esel eine Truhe auf den Rücken. Josef ist froh. Er sagt: «Meine Söhne sind tüchtig!»

«Wir bringen die Truhe nach Kafarnaum, Vater», sagt Jesus. «Eine reiche Frau hat sie bestellt. Die Frau heisst Johanna.»

Jesus und Jakob wandern mit dem Esel nach Kafarnaum. Jesus kennt den Weg. Vor vielen Jahren ist er mit dem Vater auf dem gleichen Weg gegangen. Damals haben sie einem Fischer am See ein neues Schiff gebracht. Seither ist Jesus noch viele Male in Kafarnaum gewesen.

Jesus und Jakob bringen die Truhe zu Johanna. Johanna ist die Frau von Chuza. Johanna und Chuza sind reich. Sie wohnen in einem grossen Haus. Im Garten wachsen bunte Blumen. Reben schlingen sich über einen schattigen Sitzplatz. An den Reben hängen grosse süsse Trauben. Johanna und ihr Mann Chuza bewundern die Truhe.

Johanna zeigt mit der Hand nach dem Ende des Sees. Sie erzählt: «Dort, wo der Jordanfluss aus dem See fliesst, lebt ein seltsamer Mann. Er besitzt kein Haus. Er schläft nicht in einem Bett. Er zieht sich andere Kleider als wir an. Er trägt einen Mantel aus Kamelhaaren. Er isst nur das, was er in der Wildnis findet: Kräuter, Beeren, Heuschrecken und Honig von wilden Bienen. Der Mann heisst Johannes. Er sagt: ‹Gott schickt uns bald einen Retter. Der tröstet uns, wenn wir traurig sind. Er hilft uns, wenn wir krank sind. Er erzählt uns von Gott.›»

Jesus schläft in dieser Nacht nicht. Immer muss er an das denken, was Johanna erzählt hat. Am andern Morgen sagt er zu Jakob: «Ich muss zu diesem Johannes am Jordanfluss gehen. Ich will hören, was er sagt. Geh allein heim!»

Jesus wandert am Ufer des Sees entlang. Auf dem Weg hüpfen Spatzen. Auf dem Wasser schwimmen Enten. Weit draussen gleitet ein Segel-schiff durch die Wellen. Das Segel ist vom Wind prall gebläht.

Jetzt ist Jesus am Ende des Sees. Das Wasser fliesst in einen Fluss. Es ist der Jordanfluss. Am Ufer des Jordans steht ein Mann. Er sieht genau so aus, wie Johanna ihn beschrieben hat. Seine Haare sind lang. Sein Bart ist struppig. Um Johannes herum stehen viele Männer und Frauen. Mütter tragen ihre kleinen Kinder auf den Armen. Ein Kind weint. Es fürchtet sich vor Johannes. Denn Johannes hat eine laute Stimme. Er ruft: «Ihr wartet doch auf einen König? Auf einen Heiland, der euch tröstet, wenn ihr traurig seid! Der euch hilft, wenn ihr krank seid! Bald kommt dieser besondere König. Er bringt euch kein Geld. Keinen Reichtum. Er bringt das Allergrösste: Freude und Liebe und Hilfe von Gott!»

Ein Mann fragt: «Was sollen wir dem Friedenskönig schenken, wenn er kommt?»

«Er will keine Geschenke für sich», antwortet Johannes. «Er will, dass ihr den armen Menschen etwas schenkt. Wer zwei Paar Hosen hat, soll dem ein Paar geben, der keine hat. Wer zwei Mäntel hat, soll dem einen geben, der keinen hat. Wer viel zu essen hat, soll es mit jemandem teilen, der Hunger hat.»

Johannes geht zum Ufer des Jordanflusses. Er steigt ins Wasser. Er geht weiter. Immer weiter. Bis ihm das Wasser bis zum Bauch reicht. Er ruft: «Wer zu diesem König gehören will, soll zu mir kommen und sich taufen lassen.»

Eine Frau steigt ins Wasser. Sie geht zu Johannes. Johannes legt ihr seine Hand auf den Kopf. Die Frau taucht ins Wasser. Bald taucht sie wieder auf und geht ans Ufer zurück. Die Sonne trocknet ihr Kleid und ihr Haar. Sie spürt: Gott ist bei mir. Sie drückt ihr Kind fest an sich. Sie ist glücklich. Immer mehr Menschen gehen zu Johannes in den Jordanfluss und lassen sich taufen.

Jesus denkt an die Zeit, als er ein Kind war. Als er zum ersten Mal mit dem Vater nach Kafarnaum gegangen ist. Als er seinen Vater gefragt hat: «Warum liegt der Mann dort auf dem Boden? Warum ist sein Gesicht so traurig? Warum streckt er uns seine Hand entgegen!» Der Vater hat gesagt: «Der Mann ist lahm. Er kann nicht gehen. Er kann nicht arbeiten. Er bettelt. Er hat Hunger. Er will Brot.»

Jesus denkt an Jerusalem. An die Frauen und Männer, die ihm die Hände entgegengestreckt und «Brot!» gerufen haben.»

Jesus denkt: «Wenn der Friedenskönig diesen Menschen Liebe und Hilfe bringt, dann will auch ich zu ihm gehören.» Er geht zu Johannes ins Wasser. Johannes legt ihm die Hand auf den Kopf und taucht ihn unter.

Als Jesus ans Ufer geht, hört er in sich eine Stimme. Die Stimme sagt: «Du bist der König! Du bist der Heiland! Hilf den Menschen! Mach sie froh!»

Jesus geht zurück nach Nazaret. Er geht zu seinen Eltern. Er sagt: «Ich kann nicht mehr in der Werkstatt arbeiten. Ich kann nicht mehr zu Hause bleiben. Gott hat mich gerufen.»

Jesus erzählt den Menschen von Gott

Jesus wandert von Dorf zu Dorf. Er wandert von Stadt zu Stadt. Er will den Menschen von Gott erzählen. Er will ihnen von Gott erzählen, der zu ihm gesagt hat: «Du bist der König! Du bist der Heiland! Hilf den Menschen! Mach sie froh!»

Jesus kommt nach Kafarnaum. Beim Brunnen stehen Frauen mit Krügen. Sie schöpfen Wasser. Sie reden. Eine Frau erzählt: «Ein schreckliches Unglück ist geschehen! In Jerusalem ist ein Turm umgestürzt. Die Steine haben viele Menschen unter sich begraben.»

Eine andere Frau sagt: «In der Wüste hält sich eine Räuberbande auf. Die Räuber verstecken sich hinter den Felsen. Sie überfallen die Wanderer. Sie schlagen sie. Sie stehlen ihnen das Geld. Sie stehlen ihnen das Essen. Sie stehlen ihnen sogar die Kleider.»

Eine Frau sagt: «Mein Mann hat mich verlassen. Jetzt bin ich ganz allein.» Die Frau trägt ein schwarzes Kopftuch. Ihre Augen schauen Jesus traurig an.

«Bald an jedem Tag passiert etwas Schreckliches», sagt eine alte Frau. «Wir leben in einer schlimmen Zeit. Gewiss kommt es noch viel schlimmer. Ich habe schreckliche Angst.»

Jesus setzt sich auf den Rand des Brunnens. Er sagt: «Ihr müsst keine Angst haben. Schaut nicht immer nur auf das Unglück und das Böse in der Welt. Ich habe eine gute Nachricht für euch: Gott will zu euch kommen. Ja: Er ist schon da. Vertraut mir.»

Die Frau mit dem schwarzen Kopftuch und den traurigen Augen sagt: «Ich sehe Gott nicht. Ich sehe nur den kranken Daniel.» Die Frau deutet auf einen Mann. Er kommt auf den Brunnen zu. Er schwankt. Er fällt zu Boden. Mühsam rappelt er sich auf. Er blutet an den Händen und im Gesicht. Er ruft unverständliche Worte.

Jesus steht auf. Er geht zu Daniel. Eine Frau ruft erschrocken: «Berühre ihn nicht! Er ist krank! Ein böser Geist wohnt in ihm!» Jesus nimmt Daniel an der Hand. Er legt den Arm um seine Achsel. Er sagt: «Daniel, Gott ist bei dir. Er hat dich gern. Er will, dass du gesund bist.»

Jesus schöpft eine Handvoll Wasser aus einem Krug. Er wäscht Daniel das Gesicht und die Arme. Daniel lacht. Er schwankt nicht mehr. Er fällt nicht auf den Boden. Er umarmt Jesus.

Jesus wendet sich an die Frau mit dem schwarzen Kopftuch. «Du hast vorher gesagt: ‹Ich sehe Gott nicht.› Aber jetzt spürst du ihn. Er ist bei mir. Er ist bei Daniel. Er ist bei dir. Er ist bei euch allen.» Das Gesicht der Frau wird hell. Ihre Augen schauen nicht mehr traurig in die Welt.

Eine Frau kommt zu Jesus. Es ist Johanna, die Frau des Chuza. Sie sagt: «Du bist doch der Schreiner aus Nazaret? Arbeitest du nicht mehr in der Werkstatt deines Vaters?»

Jesus schüttelt den Kopf. «Gott hat mich gerufen», sagt er. «Ich muss den Menschen sagen, dass Gott sie gern hat.»

«Du kannst nicht nur wunderbare Truhen anfertigen», sagt Johanna. «Du kannst auch mutlose Menschen trösten. Du kannst ihnen die Angst nehmen. Du kannst sie heilen. Mir gefällt, was du sagst und tust. Darf ich dich manchmal begleiten, wenn du den Menschen die gute Botschaft bringst?»

«Alle, die der guten Botschaft von Gottes Liebe vertrauen, dürfen mich begleiten», antwortet Jesus.

Johanna fragt: «Hast du genug zu essen? Hast du ein Haus, wo du wohnen und schlafen kannst?»

Jesus lächelt. «Ich mache es wie die Füchse und die Hunde. Ich schlafe dort, wo ich einen Platz finde. Ich esse das, was mir Menschen schenken.»

«Mein Mann und ich besitzen ein altes Haus in Kafarnaum. Es steht leer. Du kannst es benutzen. Ich will auch für dein Essen sorgen.»

Johanna führt Jesus zum Haus. Das Haus hat nur ein Zimmer. Es ist ein grosses Zimmer. In einer Ecke des Zimmers befindet sich ein kleiner Raum mit einer Holztür. Johanna schliesst die Tür auf. «Das ist die Vorratskammer», sagt sie zu Jesus. «Sie ist leer. Morgen füllen sie meine Diener mit Krügen voll Mehl und Olivenöl, mit Körben voll von getrockneten Feigen, Mandeln, Nüssen und Rosinen. Dann duftet es hier nach frischen Oliven, nach Äpfeln, nach Honig. Du darfst alles essen.»

«Soviel esse ich in einem Jahr nicht», antwortet Jesus. «Aber vielleicht finde ich Menschen wie dich. Sie begleiten mich. Mit ihnen kann ich das Essen in der Vorratskammer teilen.»

«Ich begleite dich bestimmt manchmal», sagt Johanna. «Ich habe auch Freundinnen: Susanna und Mirjam. Ich erzähle ihnen von dir. Bei dir spürt man, dass Gott die Menschen gern hat.»

Jüngerinnen und Jünger

Überall reden die Menschen von Jesus. Sie erzählen: «Der kranke Daniel ist beim Brunnen umgefallen. Er hat an den Händen und im Gesicht geblutet. Er hat unverständliche Worte gerufen. Da hat ihn Jesus an der Hand genommen. Er hat seinen Arm um Daniel gelegt und gesagt: ‹Daniel, Gott ist bei dir. Er hat dich gern. Er will, dass du gesund bist.› Jesus hat ihm das Blut abgewaschen. Da hat Daniel gelacht. Und seither ist er nie mehr umgefallen.»

Eine Frau sagt: «Mein Mann ist gestorben. Ich habe geweint. Jesus hat mich getröstet.»

Ein Mann berichtet: «Ich bin alt. Mir tun die Beine weh. Mir tut der Rücken weh. Ich kann nachts nicht schlafen. Ich habe alles Jesus erzählt.» «Und», fragt eine Frau, «hat Jesus dir geholfen?» «Er hat mir geholfen», antwortet der alte Mann. «Er hat nicht gesagt: Ich habe keine Zeit. Er hat mir zugehört. Das hat mir geholfen.»

Jesus geht durch die Strassen von Kafarnaum. Aus den Häusern kommen Frauen, Männer und Kinder. Alle laufen hinter Jesus her. Sie rufen:

«Jesus, ich bin traurig. Mach, dass ich wieder froh bin. – Jesus, mein Sohn kann seine Hand nicht bewegen. Hilf ihm! – Jesus, mein Bruder ist böse. Er plagt mich den ganzen Tag. Sag ihm, dass Gott ihn dafür bestraft!»

Jesus geht weiter. Ein Mann zupft ihn am Mantel. Jesus sagt: «Kommt mit mir zum See.»

Am Ufer des Sees drängen sich alle um Jesus. Jesus lacht. Er sagt: «Wie soll ich mit euch reden, wenn ihr mir dauernd auf die Füsse tretet?» Er schaut sich um. Er sieht ein Boot. Die Fischer haben es vom Wasser in den Sand gezogen. Neben dem Boot sitzen die Fischer und flicken die Netze.

Jesus ruft einem der Fischer zu: «Wie heisst du?» – «Simon. Und das ist mein Bruder Andreas.» – «Willst du mir einen Gefallen tun, Simon? Schieb bitte das Schiff ins Wasser. Ich will vom Schiff aus zu den Leuten reden.»

Simon schiebt das Schiff in den See. Jesus steigt in das Boot. Er sagt: «Rudere ein wenig vom Ufer weg, Simon! So ist es gut!»

Jesus setzt sich ganz vorne auf den Bug des Schiffs. Er lässt seine Beine und Füsse in das Wasser baumeln. Er erzählt: «Vorher hat ein

Mann zu mir gesagt: ‹Mein Bruder ist böse. Er plagt mich den ganzen Tag. Sag ihm, dass Gott ihn dafür bestraft.› Aber: seid ihr noch nie, noch gar nie böse gewesen?» Die Leute am Ufer schütteln den Kopf. «Wenn es regnet», sagt Jesus, «regnet es dann nur auf die Felder und die Gärten und die Blumen der braven Menschen? Lässt Gott den Regen nicht auch auf die Felder und die Gärten und die Blumen der bösen Menschen fallen? Gott hat eben alle Menschen gern. Er hat dich gern, du Bauer dort. Er hat den Fischer Andreas gern, der jetzt gerade die Netze flickt. Er hat das kleine Mädchen dort, das hinter dem Rücken der Mutter Verstecken spielt, gern. Und den grossen Buben dort? Er macht dauernd Grimassen. Er kann nicht ruhig sitzen. Hat ihn Gott deswegen nicht gern? Doch, Gott hat ihn auch gern. Sagt es am Morgen beim Aufstehen: ‹Gott hat mich gern.› Sagt es, wenn ihr das Essen auf dem Tisch seht: ‹Gott hat mich gern.› Sagt es am Abend, wenn ihr schlafen geht: ‹Gott hat mich gern.›»

Simon rudert Jesus ans Land. Ein Kind weint. Jesus streicht ihm über den Kopf. Er lächelt es an. Das Kind lächelt auch. Simon staunt. Er sagt: «Ich möchte die Menschen auch so trösten können wie du. Ich möchte ihnen auch helfen können wie du. Wie kann ich das lernen?»

«Du musst Vertrauen zu Gott haben», antwortet Jesus. «Du musst ganz fest glauben, dass Gott dich gern hat. Dann kannst auch du den

Menschen die frohe Botschaft von Gott bringen und ihnen helfen. Gott braucht Frauen und Männer, die das tun. Willst du mit mir kommen und mir dabei helfen?»

«Ich bin Fischer», sagt Simon. «Ich habe eine Frau. Ich habe Kinder.»

Jesus legt Simon den Arm auf die Schulter. Er sagt: «Du hast Brüder, du hast Freunde, du hast Verwandte. Sie fahren gern in deinem Boot zum Fischfang. Sie teilen die Fische mit dir. Komm mit mir!»

«Ich komme mit», sagt Simon.

Simons Bruder Andreas steht auf. Er hat gehört, was Jesus gesagt hat. Auch zwei andere Fischer kommen zu Jesus und Simon. Es sind die Brüder Jakobus und Johannes. «Dürfen wir auch mit dir kommen?», fragt Johannes. Jesus freut sich: «Gott hat mich gern!», sagt er. «Gleich vier Männer, die den Menschen die frohe Botschaft bringen wollen. Und dazu die drei Frauen, die Johanna, die Susanna die Maria!»

Gott ist wie eine Mutter und ein Vater

Jeden Tag kommen neue Frauen und Männer zu Jesus. Aus ihnen wählt Jesus zwölf engste Freunde. Sie begleiten ihn auf seinen Wanderungen durch das Land. Jesus nennt sie seine Jünger. Manchmal kommen auch Johanna, Susanna, Maria und andere Frauen und Männer mit. Sie sagen: «Wir gehören zu Jesus. Wir sind seine Jüngerinnen.»

Am Morgen brechen sie auf. Der Weg ist breit und nicht gefährlich. Sie singen ein Lied. Thomas hat seine Flöte bei sich, Andreas seine Laute. «Spielt uns ein Tanzlied!», bittet Johannes. Thomas und Andreas spielen. Die Jünger und die Frauen reichen sich die Hände und tanzen.

Jesus mahnt zum Weitergehen. «Vorwärts», sagt er. «Wir müssen an viele, viele Orte gehen.» In den Höfen, Dörfern und Städten erzählen sie den Frauen und Männern, den Handwerkern und Bauern von dem Gott, der die Menschen gern hat.

Am Abend strömen die Menschen auf den Dorfplatz. Die Kinder spielen. Zwei Mädchen werfen sich einen Stoffball zu. Zwei andere basteln aus Gras, Holzstücken und Blättern eine Puppenstube. Andere machen Verstecken. Sie verbergen sich hinter den Rücken ihrer Mütter. Oder unter einem Strauch. Oder hinter dem Brunnen. Andere Kinder spielen Fangmich. Sie springen umher. Sie lachen und kreischen. Da ruft der dicke Bürgermeister: «Wollt ihr still sein! Wir sind wegen Jesus hergekommen! Wir wollen ihm zuhören.»

Der dicke Bürgermeister fragt: «Wie ist Gott? Ist Gott wie ein Mann? Oder wie eine Frau? Ist Gott wie ein Tier? Wie ein Löwe? Wie ein Adler?»

Jesus sagt: «Gott ist wie ein Vater oder eine Mutter, die ihre Kinder gern haben und für sie sorgen. Wenn ein Kind zu seinem Vater sagt: ‹Ich habe Hunger. Gib mir bitte einen Fisch!› – gibt ihm dann der Vater eine Schlange? Oder wenn ein Kind zur Mutter sagt: ‹Gib mir bitte ein Stück Brot!› – gibt ihm die Mutter dann einen Stein?» Jesus hebt einen Stein vom Boden auf und hält ihn in die Höhe. Die Frauen und Männer schütteln den Kopf. Die Kinder lachen und rufen: «Nein! Bestimmt nicht!» Jesus sagt: «Ihr habt recht. Auch Gott gibt euch keine Schlangen und keine Steine zum Essen. Er gibt euch das, was ihr braucht. Wenn ihr zu ihm betet: Vater im Himmel, gib uns jeden Tag das Brot, das wir brauchen, dann bekommt ihr es.»

Ein Mädchen ruft: «Jesus, erzähl uns bitte eine Geschichte!» «Ja», rufen alle Kinder. «Erzähl uns eine Geschichte!» Die Kinder drängen sich durch die Reihe der Erwachsenen zu Jesus. Auch die Mütter mit den kleinen Kindern auf den Armen wollen zu Jesus. Aber da versperren ihnen der dicke Bürgermeister und die Jünger den Weg. «Halt!» sagt Petrus. «Die Kinder sollen hinten bleiben. Jesus ist nur für die Grossen da!»

Jesus schüttelt den Kopf. Er sagt: «Lasst die Kinder nur zu mir kommen. Sie sind viel näher bei Gott als ihr.» Jesus umarmt die Kinder. Dann erzählt er: «Ein Vater hat zwei Söhne. Sie helfen dem Vater bei der Arbeit auf dem Bauernhof. Sie melken die Kühe. Sie mähen das Korn. Da sagt der jüngere Sohn: ‹Ich gehe fort. Gib mir ein Pferd, gib mir schöne Kleider und viel Geld.› Der Vater gibt ihm das Pferd. Er gibt ihm die Kleider und das Geld. Der Sohn reitet fort in ein fernes Land. Dort gibt er alles Geld aus. Als er keines mehr hat, verkauft er das Pferd. Zuletzt verkauft er seine schönen Kleider. Jetzt ist er arm. Sein Kleid besteht aus Lumpen. Er hat Hunger. Ein Bauer sagt zu ihm: ‹Du kannst meine Schweine hüten. Essen darfst du das, was die Schweine übrig lassen.› Da sagt der Sohn zu sich: ‹Bei meinem Vater muss niemand in Lumpen umhergehen. Bei meinem Vater können alle so viel essen, bis sie genug haben. Ich will zu meinem Vater gehen.› So macht er sich auf den Weg zum Haus des Vaters. Der Vater sieht ihn kommen. Er geht ihm entgegen. Er umarmt ihn. Der Sohn sagt: ‹Vater, du willst mich bestimmt nicht mehr als deinen Sohn aufnehmen. Aber lass mich als Knecht für dich arbeiten.› Der Vater schüttelt den Kopf und ruft

einen Diener. Er sagt zu ihm: ‹Hol schnell das schönste Kleid und die besten Schuhe für meinen Sohn! Steck ihm einen Ring an den Finger! Lass Fleisch braten und Kuchen backen! Denn mein Sohn war verloren. Jetzt habe ich ihn wieder gefunden.› »

Jesus sagt: «So ist Gott. Er ist wie ein Vater. Er liebt die Menschen. Und wenn sie davonlaufen und wiederkommen, schimpft er nicht. Er freut sich und feiert ein Fest.»

Der lahme Mann

Jesus ist müde. Er will ausruhen. Er breitet seinen Mantel auf dem Boden des Hauses aus. Der Mantel ist sein Bett. Er betet. Er schläft ein. Auf einmal hört er von draussen Geräusche. Es sind die Stimmen von Menschen. Das Reden wird immer lauter. Jesus steht auf. Er wäscht sich. Er betet. Dann öffnet er die Türe. Vor dem Haus stehen viele Menschen. Sie wollen zu Jesus. Sie drängen sich durch die Tür. Jesus kann sie nicht zurückhalten. Sie lehnen sich an die Wände. Sie sitzen auf den Boden. Sie umringen Jesus. Im Nu ist das Zimmer voll von Menschen. Nicht alle finden Platz im Haus. Bis auf die Strasse stehen sie.

Jetzt kommen noch vier Männer auf das Haus zu. Sie springen die Gasse hinunter. Sie haben es eilig. Sie tragen eine alte Matratze. Die Matratze ist schmutzig. Jeder der Männer hält eine Ecke der Matratze. Auf der Matratze liegt ein Mann. Er kann nicht gehen. Seine Knie sind steif. Seine Beine und seine Füsse sind lahm.

«Platz da!», ruft einer der Männer. «Platz da! Der Lahme ist unser Freund. Wir wollen, dass er wieder gehen kann. Wir wollen, dass er wieder arbeiten kann. Wir wollen, dass er mit uns tanzen und Kuchen essen kann. Jesus muss ihn heilen.» Aber die Leute weichen nicht zur Seite. Sie sagen: «Wir wollen auch zu Jesus. Wir sind zuerst da gewesen. Wartet hier draussen, bis ihr an die Reihe kommt.»

«Wir können nicht warten», sagt einer der Männer. «Wir haben es eilig. Wir müssen zur Arbeit gehen. Lasst uns durch!»

Aber die Frauen und Männer bleiben stehen. Keiner rückt zur Seite. Schon wollen die Vier wieder umkehren. Da sagt einer von ihnen: «Ich habe eine grossartige Idee! Kommt mit!»

Aussen an der Hauswand befindet sich eine Treppe. Sie führt auf das Dach des Hauses. Das Dach ist flach. Man kann auf dem Dach umhergehen wie auf dem Fussboden. Die Träger schleppen die Matratze mit dem Lahmen vorsichtig die schmale Treppe hinauf. Sie schwitzen und stöhnen. Endlich erreichen sie das Dach. Sie legen die Matratze mit dem Lahmen auf das flache Dach. Sie schauen sich um. Sie suchen etwas. Da liegt ein Hammer! Und dort eine Axt! Und in der Ecke an der Brüstung lehnt ein schwerer Holzknebel.

Einer der Männer greift nach der Axt. Er hebt sie in die Höhe und lässt sie auf das Dach niedersausen. Der Zweite haut mit dem Hammer auf das Dach. Der Dritte schmettert den Knebel auf den Dachboden. Das Dach hält die Schläge nicht aus. Es bröckelt. Schnell wischt der vierte Mann mit den Händen die Lehmstücke zur Seite. Das Loch wird grösser und grösser. Schon sehen die Männer die Balken, die das Dach tragen.

Jetzt gucken die Männer durch das Loch im Dach in das Zimmer. Sie sehen Jesus. Sie sehen die vielen Menschen. Alle blicken erschrocken nach oben. Sie halten sich die Arme über den Kopf. Sie haben Angst vor den Lehmbrocken, die herunter fallen.

Da packen die Männer – jeder wieder an einem Zipfel – die Matratze. Langsam lassen sie den Lahmen durch das Loch im Dach ins Zimmer hinunter. Jetzt stocken sie. Ihre Arme sind zu kurz. Die Matratze mit dem Lahmen schwebt über dem Fussboden. Da legen sich die vier Männer auf ihre Bäuche. Sie strecken sich so weit sie können. Sie halten sich an den Dachbalken fest, damit sie nicht hinunterpurzeln. Jetzt liegt der Lahme vor Jesus.

Gibt das ein Hallo im Zimmer! Einige schimpfen. Einige lachen. Sie finden es komisch, dass man durch das Dach in ein Haus kommt. Einige schauen ängstlich auf Jesus. Was wird er tun? Bestimmt wird er sich ärgern! Bestimmt wird er sagen: «Wer hat euch erlaubt, ein Loch in das Haus zu schlagen!»

Aber Jesus schimpft nicht. Er lächelt. Er schaut nach oben. Er sieht die roten verschwitzten Gesichter der vier Männer durch das Loch. Er fragt: «Ihr vertraut, dass Gott euren Freund heilen kann?» Die Männer nicken. Da sagt Jesus: «Wer so fest auf Gott vertraut, dem hilft er.»

Jesus neigt sich zum lahmen Mann hinunter. Er ergreift seine Hand. Er sagt: «Du hast grossartige Freunde. Steh auf!»

Der Mann schüttelt den Kopf. «Ich bin lahm», sagt er. «Ich kann nicht aufstehen.»

«Steh auf!» befiehlt Jesus.

Da spürt der Mann eine Kraft in sich. Sie strömt wie ein Bach durch seinen Körper. Mühsam dreht er sich auf den Bauch. Er stützt sich auf seine Hände. Er bewegt seine Beine. Sie gehorchen ihm. Langsam steht er auf. Jesus stützt ihn. Jetzt macht der Mann ein paar Schritte. Sein Gesicht wird hell. Er weint vor Freude. «Ich kann gehen!», stammelt er. «Ich kann gehen.»

«Nimm deine Matratze und geh nach Hause», sagt Jesus. Da jubeln die vier Freunde auf dem Dach. Da klatschen die Menschen. Sie staunen. Überall erzählen sie, was sie gesehen haben. Wo Jesus sich zeigt, strömen ihm die Menschen zu. Sie sagen: «Jesus meint es gut mit uns.»

Im Sturm

Jesus sagt am Morgen zu seinen Jüngern: «Wir wollen an das andere Ufer fahren.» Sie gehen miteinander zum See. Ruhig liegt das Wasser im Licht der Sonne. Die Fischer haben ihre Boote ans Land gezogen. Sie haben in der Nacht gefischt. Sie haben viele Fische gefangen. Die Fischer sind fröhlich. Sie singen Lieder. Zusammen mit ihren Frauen und Kindern packen sie die Fische in Körbe. Sie tragen die Körbe auf den Markt. Alle helfen mit. Sogar das kleine Mädchen trägt hinter der Mutter stolz einen Fisch in der Hand.

Auf den Wellen schaukelt das Fischerboot von Andreas und Simon. Jesus und die Jünger ziehen ihre Röcke hoch bis über die Knie. Sie waten durch das Wasser zum Schiff. Sie klettern über die Wand an Bord. Es ist ein grosses Schiff mit einem Mast in der Mitte. Alle zwölf Jünger und Jesus haben darin Platz. Thomas zieht den Anker aus dem Wasser. Johannes befestigt das Segel an der Querstange. Andreas zieht das Segel mit einem Seil am Mast hoch. Ein leichter Wind bläht das Segel auf. Langsam gleitet das Schiff über das Wasser.

Simon fasst das Steuerruder mit seinen starken Händen. Er taucht das

Ruder ins Wasser. Er stemmt sich dagegen. Er steuert das Schiff gegen die Mitte des Sees.

Thomas spielt ein Lied auf der Flöte. Andreas begleitet ihn auf der Laute. Die andern singen, reden und lachen. Sie sind froh, einmal für sich sein zu dürfen. Sie lehnen sich über die Bordwand. Sie schwenken die Arme im Wasser. Sie kühlen sich mit den nassen Händen die Stirne und die Wangen. Sie schauen den Fischen nach, die in Schwärmen durch das Wasser flitzen.

Jesus fragt seine Jünger: «Wenn ihr mir einen zweiten Namen geben könntet, wie würdet ihr dann zu mir sagen?» Die Jünger denken nach. Da antwortet Simon: «Ich würde sagen: König Jesus. Oder Heiland Jesus. Du gibst den Menschen kein Silber und kein Geld. Du gibst ihnen Freude und Liebe. Du bist der Friedenskönig und der Heiland, auf den die Menschen so lange gewartet haben.»

Jesus nickt. Dann sagt er: «Ich will dir auch einen zweiten Namen geben, Simon. Du bist stark wie ein Fels. Fels heisst in der fremden Sprache Petrus. Darum heisst du von jetzt an Simon Petrus.»

Jesus legt sich hinten im Schiff auf den Boden. Er will sich ausruhen. Die Wellen plätschern leicht an die Bordwand. Ein Storch fliegt weit oben über das Boot. Jesus schläft ein.

Plötzlich fegt ein Windstoss von den Bergen ins Tal. Das Segel bläht sich auf. Die Jünger erschrecken. «Der Fallwind kommt!», sagt Jakobus. «Wir müssen so schnell wie möglich an Land fahren.»

Die Windstösse kommen immer schneller. Sie werden immer heftiger. Da bricht der Sturm mit aller Gewalt los. «Zieht das Segel ein!», ruft Simon Petrus. Zu spät! Der Wind zerreisst die Leinwand. Die Fetzen flattern und knattern im Sturmwind. Die Wellen werden gross und grösser. Das Schiff schwankt wie eine Schaukel. Eine Welle trägt es in die Höhe. Das Schiff schnellt hinauf. Dann fällt es hinunter ins Wellental. Wasser spritzt über die Bordwand. Simon Petrus zieht das Ruder ein. Er kann das Schiff nicht mehr steuern.

Die Jünger sind mutige und starke Männer. Sie sind mit ihren Booten schon viele Male durch hohe Wellen gefahren. Sie haben schon viele Stürme erlebt. Aber in ein solches Unwetter sind sie noch nie geraten. Ihre Kleider sind nass. Von ihren Haaren tropft das Wasser. Sie haben Angst. Sie wissen nicht, was sie tun sollen. Mit ihren Augen suchen sie Jesus.

Jesus liegt noch immer hinten im Schiff und schläft. Er schläft trotz

des pfeifenden Windes. Er schläft trotz der hohen Wellen. Er schläft, als ob es keinen Sturm geben würde.

Thomas kriecht auf dem Boden des Schiffes zu Jesus. Er rüttelt ihn wach. «Jesus!», ruft er. «Wir gehen unter!»

Jesus steht auf. Er sagt: «Der Sturm macht euch Angst. Er soll aufhören! Die Wellen wollen euch verschlingen. Sie sollen sich glätten! Die Dunkelheit soll weichen!»

Da hört der Sturm auf. Die Wellen verschwinden. Das Licht vertreibt das Dunkel.

Jesus schaut seine Jünger an. Einen nach dem andern. Er schüttelt seinen Kopf und sagt: «Ihr bringt den Menschen die frohe Botschaft. Ihr sagt zu ihnen: ‹Habt Vertrauen zu Gott. Gott will euch helfen.› Und jetzt, wo ihr selber im Sturm seid – wo ist da euer Vertrauen? Warum glaubt ihr nicht, dass Gott auch im Sturm, in den Wellen und in der Dunkelheit bei euch ist?»

Die Jünger schämen sich. Sie blicken auf den Boden.

«Rudert an das Land!», sagt Jesus.

Das kranke Mädchen

Jesus und die Jünger fahren mit dem Schiff nach Kafarnaum zurück. Am Ufer stehen viele Leute. Sie winken mit den Händen. Sie schwenken bunte Tücher. Jesus steigt aus dem Schiff. Sofort umdrängen ihn die Frauen, Männer und Kinder. Beinahe erdrücken sie ihn. Sie begrüssen Jesus. Sie sagen: «Wir sind so froh, dass du wieder bei uns bist.»

Da rennt ein Mann von der Stadt zum See. Der Mann schwitzt. Das Wasser läuft ihm über das Gesicht. Seine Haare sind zerzaust. Er zittert. «Was hat der Mann?», fragt ein Knabe. «Er hat Angst», antwortet die Mutter. «Er ist voll von Sorgen.»

Verzweifelt bahnt sich der Mann einen Weg durch die Menschenmenge. Jetzt steht er vor Jesus. Er atmet schwer. Er kann fast nicht reden. Er stösst hervor: «Schnell, Jesus! Komm mit mir nach Hause. Mein einziges Kind ist schwer krank. Es ist ein Mädchen. Es liegt im Bett. Es bewegt sich nicht. Vielleicht ist es schon gestorben.»

Der Mann packt Jesus an einem Zipfel des Kleides. Er zerrt ihn von den Menschen am Ufer weg. Er zieht ihn durch die Gassen von Kafarnaum.

Immer wieder sagt er: «Lauf schneller, Jesus! Mein Kind stirbt.» Die Jünger und die Menschen folgen ihnen.

Da kommt ihnen ein junger Mann entgegen. Er breitet die Arme aus. Er versperrt der Menschenmenge den Weg. Er ruft: «Kehr um Jesus! Du brauchst nicht zu kommen. Es ist zu spät. Das Mädchen ist gestorben. Jetzt kann ihm niemand mehr helfen.»

Der Vater erschrickt. Er lässt den Zipfel des Kleides von Jesus los. Er senkt den Kopf. Er schluchzt. Er weint. Auch in der Menschenmenge fangen Frauen und Männer an zu jammern und zu weinen. Alle haben Erbarmen mit dem Vater. Eine Frau sagt: «Das Mädchen ist sein einziges Kind gewesen. Jetzt sind er und seine Frau ganz allein.»

Jesus weint nicht. Er ist ganz ruhig. Er legt dem Vater den Arm um die Schulter. Er sagt zu ihm: «Du musst keine Angst haben. Vertrau auf Gott! Ich komme mit dir nach Hause.»

Jesus schiebt den jungen Mann zur Seite. Er geht mit dem Vater des Mädchens und mit seinen Jüngern weiter. Sie kommen zum Haus, in dem der Vater wohnt. Auf der Gasse stehen die Nachbarinnen und die Nachbarn. Sie reden aufgeregt miteinander. Der Vater und Jesus gehen ins Haus. Viele Leute folgen ihnen. Überall stehen sie herum. Sogar das

Zimmer des Mädchens ist voll von Menschen. Sie reden, sie weinen, sie klagen.

Jesus sagt: «Was ist das für ein Geschrei! Was ist das für ein Lärm! Verlasst alle das Zimmer! Nur die Mutter, der Vater, Simon Petrus, Johannes und Jakobus sollen hier bleiben.» Murrend gehen die Menschen hinaus. Sie warten vor der Tür. Sie wollen hören, was Jesus sagt.

Jesus geht zum Bett des Mädchens. Das Kind liegt ganz still da. Sein Gesicht ist bleich. Seine schwarzen Haare sind verschwitzt und zerzaust. Jesus schaut das Mädchen lange an. Dann sagt zu dem Vater und zur Mutter: «Jammert nicht! Weint nicht! Das Mädchen ist nicht tot. Es schläft nur.» Ein paar Menschen vor der Tür lachen. Sie glauben nicht, was Jesus sagt. Aber Jesus kümmert sich nicht um sie. Er nimmt das Mädchen bei der Hand. Lange hält er die bleiche Hand in seiner Hand. Dann sagt er: «Mädchen, steh auf!»

Das Mädchen regt sich nicht. Jesus wartet. Er sagt kein Wort. Er hält die Hand des Mädchens.

Da bewegt das Kind die Lippen. Seine Wangen werden rot. Es schlägt die Augen auf. Es ist, als ob es aus einem langen Traum erwacht. Verwundert schaut es Jesus an. Es lächelt. Vater und Mutter stürzen ans Bett. Sie weinen vor Freude. Sie sind so froh, dass ihr Kind lebt. Jesus sagt: «Gebt dem Mädchen zu essen!» Dann verlässt er mit seinen Jüngern das Haus.

Miteinander gehen sie in das Haus, in dem Jesus wohnt. Jesus öffnet die Holztür zum kleinen Raum in der Ecke. Er sagt: «Holt aus der Vorratskammer Mehl, Rosinen, Olivenöl und Honig. Macht ein Feuer! Wir backen Kuchen. Wir feiern ein Fest.»

Die Jünger stellen auf dem Platz vor dem Haus Tische und Bänke auf. Sie schleppen Töpfe, Schüsseln, Krüge und Becher herbei.

Die Leute in Kafarnaum schnuppern. Sie riechen die Kuchen. Sie hören Thomas auf der Flöte und Andreas auf der Laute spielen. Sie gehen zum Haus, wo Jesus wohnt. Unter ihnen ist auch der Zöllner. Sie bleiben vor dem Haus stehen. Sie getrauen sich nicht näher zu kommen. Da ruft Jesus: «Setzt euch, wo ihr Platz findet. Ihr seid alle zum Fest eingeladen.»

Die Jünger brauchen keine Fackeln anzuzünden. Hell scheint am Himmel der Mond. Bis spät in die Nacht essen, trinken, singen und tanzen die Menschen.

Wie sollen wir beten?

Mitten in Kafarnaum steht ein grosses Haus. Zum Haus führt eine breite Treppe. Vor dem Haus steht ein Brunnen. Jeden Tag gehen Menschen die Treppe hoch. Sie waschen sich am Brunnen die Hände und die Füsse. Dann gehen sie in das Haus. Dort lesen sie miteinander in grossen Büchern. Sie lesen laut. Alle hören zu. Dann reden sie miteinander über das, was sie gelesen haben. Sie beten miteinander. Sie singen Lieder. Manchmal setzen sich die Leute auch nur auf die Treppenstufen.

Heute sitzt Jesus dort. Auf den andern Stufen sitzen seine Jüngerinnen und Jünger. Andere Leute setzen sich zu ihnen: Die Frau des Fischers mit ihren Kindern, einem Mädchen und einem Knaben. Die Kinder spielen mit einem Würfel. Die Frau hat ihre Fische auf dem Markt verkauft. Jetzt will sie hören, was Jesus erzählt. Auch der Bäcker, der Metzger und eine Bauernmagd kommen zu Jesus.

Johannes sagt zu Jesus: «Sage uns ein Gebet! Eines, das wir noch nicht kennen. Eines von dir.» Der Bäcker, der Metzger und die Magd nicken eifrig. «Ja», ruft der Bäcker. «Sage uns ein Gebet! Eines, das wir noch nicht kennen. Eines von dir.»

«Ich bete jeden Morgen und jeden Abend das gleiche Gebet», sagt
Jesus. «Ich will es euch lehren. Hört gut zu!

Unser Vater im Himmel.

Geheiligt werde dein Name.

Dein Reich komme!

Dein Wille geschehe, wie im Himmel, so auf Erden.

Unser tägliches Brot gib uns heute.

Und vergib uns unsere Schuld,

wie auch wir vergeben unsern Schuldigern.

Und führe uns nicht in Versuchung,

sondern erlöse uns von dem Bösen.

Denn dein ist das Reich und die Kraft

und die Herrlichkeit in Ewigkeit.

Amen.»

Jesus sagt das Gebet noch einmal vor. Und dann noch einmal. Jetzt
sprechen alle mit. Am besten können es die Kinder.

Jesus sagt: «Wenn ihr betet, dann betet nicht auf der Strasse. Betet
nicht so, dass euch alle Leute sehen. Sondern geht in euer Haus. Dort
hat es einen kleinen Raum. Ihr kennt ihn bestimmt.»

Das Mädchen ruft: «Die Vorratskammer!» Jesus nickt. «In der Vorratskammer hat es Krüge mit Mehl und Olivenöl. Dort hat es Körbe voll
von getrockneten Feigen, Mandeln, Nüssen und Rosinen. Dort duftet es
nach Äpfeln und nach Honig. In der Vorratskammer seid ihr ganz
allein. Da könnt ihr am besten mit Gott reden.»

Ein Knabe fragt: «Wenn ich Gott bitte, gibt er es mir dann immer?»
Jesus lächelt. Er sagt zum Knaben: «Wenn du einen Honigkuchen
haben willst und dein Vater und deine Mutter sagen: ‹Es gibt jetzt
keinen Honigkuchen!› – was machst du dann?»

Der Knabe macht ein verschmitztes Gesicht. Er sagt: «Wenn meine
Mutter sagt: ‹Du bekommst jetzt keinen Honigkuchen›, dann sage ich
noch einmal: ‹Mutter, gib mir einen Honigkuchen!› Und dann noch
einmal und noch einmal und noch hundert Mal. Ich sage immer wieder: ‹Mutter, gib mir bitte, bitte, bitte einen Honigkuchen!›. So lange,
bis die Mutter und der Vater sagen: ‹Hier hast du deinen Honigkuchen.
Aber nur, damit du endlich still bist.› »

«Siehst du», sagt Jesus, «genau so müsst ihr zu Gott beten, wenn ihr
etwas von ihm wollt. Stellt euch vor: Zu einem Mann kommt sein
Freund. Es ist spät in der Nacht. Der Freund hat Hunger. Der Mann will
seinem Freund Brot geben. Aber im ganzen Haus findet er kein ein-

ziges Stück Brot. Da denkt der Mann: ‹Ich gehe zu meinem Nachbarn. Der hat bestimmt noch Brot in seinem Haus.› Der Mann geht zu seinem Nachbarn. Draussen ist es stockdunkel. Aber er kennt das Haus des Nachbarn. Er weiss, wo die Türe ist. Er klopft an die Tür. Er ruft: ‹Lieber Nachbar. Mein Freund ist gekommen. Er hat Hunger. Gib mir doch ein Brot. Ich habe keines mehr.› Da ruft der Mann im Haus: ‹Lass mich in Ruhe. Meine Frau schläft. Meine Kinder schlafen. Ich kann nicht aufstehen und dir Brot geben.› Aber der Mann vor der Türe gibt nicht nach. Er ruft in einem fort: ‹Gib mir Brot. Gib mir Brot. Gib mir Brot. Brot! Brot!› Da – endlich geht die Türe auf. Der Nachbar hält ihm ein Brot hin. Er sagt: ‹Du ewiger Dränger. Hier hast du ein Brot. Ich gebe es dir nur, damit du endlich still bist.›»

Jesus sagt: «So ist Gott. Wenn ihr ihn sucht, dann findet ihr ihn. Wenn ihr bei ihm anklopft, dann macht er euch die Türe auf. Und wenn ihr ihn um etwas bittet, dann gibt er es euch.»

Viele Menschen bekommen zu essen

Jesus wandert auf dem Uferweg dem See entlang. Seine Jünger sind bei ihm. Viele Menschen laufen ihm nach. Alle wollen zu Jesus. Aber der Uferweg ist schmal. Nur zwei Menschen können nebeneinander gehen. Auf der einen Seite des Wegs hat es eine steile Böschung mit spitzen Steinen und dornigen Büschen. Auf der andern Seite liegt der See. Ein paar junge kräftige Frauen und Männer klettern die Böschung hinauf. Sie eilen an die Spitze der Menschenschlange. Andere springen gar durch die Wellen. Das Wasser spritzt nach allen Seiten. Sie überholen Jesus. Sie schneiden ihm den Weg ab. Sie umringen ihn.

Ein Bauer mit einem struppigen Bart sagt traurig: «Der Boden ist trocken. Es muss regnen, damit das Korn und die Gurken und die Linsen und die Trauben wachsen. Ich habe Angst, dass es trocken bleibt. Dann wächst nichts und ich kann meine Vorratskammer nicht mit Brot, mit Datteln, Nüssen und Weinbeeren füllen. Meine Ziegen finden kein Gras. Sie geben keine Milch und meine Frau, meine Kinder und ich müssen Hunger leiden.» Jesus zeigt auf eine Schar Spatzen, die in einem Gebüsch piepst und lärmt. «Schau dir die Vögel an», sagt er zum Bauern. «Sie säen nicht, sie ernten nicht, sie sammeln keine Vorräte.

Aber Gott, der Vater im Himmel, sorgt für sie. Du aber und deine Frau und deine Kinder – seid ihr Gott nicht viel mehr wert als alle Vögel? Gott sorgt auch für euch.»

Andere Menschen ziehen den Ärmel am Hemd oder den Rock hoch und zeigen Jesus ihren Arm, den Fuss, das Bein. Oder sie deuten auf den Kopf, auf die Brust, auf den Bauch: Sie sagen: «Da tut es mir weh! Ich kann die Hand nicht bewegen! Ich bin so traurig! Ich habe Angst! Hilf mir doch!»

So geht es in einem fort. Jesus kann kaum einen Schritt vorwärts gehen. Die Sonne steht schon tief am Himmel. Es wird Abend. Simon Petrus sagt zu Jesus: «Bald wird es dunkel! Die Menschen haben Hunger. Hier in dieser einsamen Gegend kann man kein Brot und keine Fische kaufen. Schick die Leute weg! Sie sollen in die Häuser und Dörfer in der Nähe gehen. Dort bekommen sie zu essen. Dort können sie auch schlafen.»

Jesus schaut Simon Petrus und die andern Jünger an. Er lächelt und sagt: «Gebt ihr doch den Menschen zu essen!» Andreas, Jakobus und Thomas schnüren ihre Rucksäcke auf. Sie schauen in die Säcke. Sie zählen: «Eins, zwei.» Sie schütteln die Köpfe. Sie zählen wieder: «Eins, zwei, drei, vier, fünf.» Wieder schütteln sie die Köpfe. Thomas sagt zu

Jesus: «Wir können so vielen Menschen nichts zu essen geben. Wir haben nur fünf Brote und zwei Fische mitgenommen.»

«Dann verteilt sie unter den Leuten», sagt Jesus. Johannes schaut Jesus voller Erstaunen an. «Das reicht doch nicht», sagt er. «Von fünf Broten und zwei Fischen werden nicht einmal wir satt. Auf keinen Fall aber so viel Menschen, wie hier sind.»

Jesus blickt sich um. Er sagt zu den Jüngern: «Dort ist ein grosser Platz am Ufer. Da können alle bequem sitzen. Geht mit den Leuten dorthin. Sammelt Holz. Macht Feuer. Die Leute sollen sich in Gruppen auf den Boden setzen.»

Alles geschieht, wie Jesus es gesagt hat. Die Menschen eilen auf den Platz. Sie bücken sich und suchen dürre Schilfrohre und trockenes Holz. Bald lodern überall Feuer auf. Rauchschwaden breiten sich aus. Hunde rennen umher und bellen. Die Kinder setzen sich neben ihre Väter und Mütter.

Da stellt sich Jesus in die Mitte unter die Menschen. Er greift in einen Rucksack. Er hält ein grosses Brot in den Händen. Er hebt das Brot gegen den Himmel. Er sagt: «Vater im Himmel, ich danke dir, dass du uns zu essen gibst. Ich danke dir, dass wir das Essen teilen dürfen.»

Jesus bricht das Brot. Er gibt die Stücke seinen Jüngern. Er sagt: «Brecht die Stücke. Verteilt sie an die Leute!» Er nimmt das zweite Brot aus dem Rucksack. Er hebt es gegen den Himmel und sagt: «Vater im Himmel, ich danke dir, dass du uns zu essen gibst.» Er bricht das Brot und gibt die Stücke den Jüngern. Die Jünger brechen die Stücke. Sie reichen die Stücke den Leute und sagen: «Teilt mit den andern.» So geht es auch mit dem dritten, dem vierten, dem fünften Brot. So geht es auch mit den beiden Fischen.

Die Frauen, Männer und Kinder kauen. Die Kleinsten lutschen an einer Brotrinde. Viele haben noch Brot, Rosinen, Feigenkuchen und Fische in ihren Rucksäcken. Sie braten die Fische auf dem Feuer. Sie teilen alles miteinander. Am Schluss sind alle satt. Ein paar Brocken bleiben sogar noch übrig.

Da kommt der Bauer mit dem struppigen Bart zu Jesus und sagt: «Du hast gesagt: ‹Gott sorgt für uns.› Du hast Recht gehabt. Heute haben ich, meine Frau und meine Kinder erlebt, dass das wahr ist.»

Um wen soll ich mich kümmern?

Jesus sagt zu seinen Jüngern und Jüngerinnen: «Wir gehen nach Jerusalem an das Dankfest im Tempel.» Sie packen Brot, Käse, Zwiebeln, Rosinen und getrocknete Feigen in die Rucksäcke. Dann wandern sie auf staubigen Strassen und steinigen Wegen nach der grossen Stadt Jerusalem. Vor vielen Jahren ist Jesus mit seinen Eltern den gleichen Weg gegangen. Wie damals, so sind auch jetzt viele Menschen unterwegs.

Jesus und seine Jünger und Jüngerinnen wandern viele Stunden. Dann breiten sie am Rand der Strasse ihre Mäntel aus. Sie setzen sich auf den Boden und essen. Menschen gehen an ihnen vorbei. Manche singen Lieder. Alle sind fröhlich. Sie freuen sich auf das Fest in Jerusalem. Viele von den Wanderern kennen Jesus. Sie grüssen ihn. Sie sagen: «Schalom! Friede!» Jesus nickt den Menschen zu. Er sagt: «Schalom! Friede!»

Ein Mann reitet auf einem Pferd vorbei. Er sieht Jesus. Er steigt vom Pferd. Er kommt zu Jesus. Er sagt: «Ich möchte dich etwas fragen. In der Bibel, unserem heiligen Buch, steht: Du sollst deinen Mitmenschen so gern haben wie du dich selber gern hast. Du sollst für ihn sorgen, wie du für dich selber sorgst. Aber: wer ist mein Mitmensch? Meine Mutter und mein Vater? Meine Schwestern, meine Brüder, meine Tanten, meine Onkel? Oder sind das alle Menschen in meinem Dorf? Sind das sogar die Menschen, die ganz weit weg wohnen und die ich gar nicht kenne? Alle, die jetzt auf der Strasse an uns vorbeigehen? Ich kann doch nicht alle gern haben! Ich kann nicht für alle sorgen und allen etwas schenken.»

Jesus nickt. «Du hast recht. Das kannst du nicht. Ich erzähle dir eine Geschichte. Dann verstehst du bestimmt, wer dein Mitmensch ist.»

Jesus erzählt: «Ein Mann wandert auf einem einsamen Weg ins Tal hinunter. Er ist ganz allein. Weit und breit sind keine andern Menschen. Oder etwa doch? Hinter einem Fels verstecken sich Räuber. Der Mann kommt zum Fels. Immer näher kommt er. Da stürmen die Räuber hervor. Sie versperren dem Wanderer den Weg. Sie packen ihn. Er wehrt sich. Da schlagen sie ihn. Sie stehlen ihm den Sack mit dem Essen. Sie stehlen im das Trinken und das Geld. Jetzt reissen sie ihm sogar die Kleider vom Körper und die Sandalen von den Füssen. Dann rennen sie weg. Immer weiter rennen sie. Jetzt sind sie verschwunden. Der Mann aber liegt nackt auf dem Boden. Er hat Schmerzen. Er blutet. Er hat Durst. Er kann nicht aufstehen. Er ruft: ‹Hilfe! Hilfe!› Niemand hört ihn. Doch! Da kommt ein

Mann auf dem Weg. Er sieht den Verwundeten. Er erschrickt. Er denkt: ‹Gewiss haben Räuber den Mann da überfallen, ihn geschlagen und ihm alles weggenommen. Wer weiss, wo diese Räuber jetzt sind! Die haben sich bestimmt hinter den Felsen dort versteckt. Sicher überfallen sie auch mich! Weg von hier! Weg von hier!› Der Mann fängt an zu rennen. Er rennt und rennt. Bis man von ihm nur noch eine kleine Staubwolke in der Ferne sieht. Aber um den Mann am Boden kümmert er sich nicht.

Da kommt ein zweiter Mann. Er trägt einen langen kostbaren Mantel. Er hat in der Stadt ein prächtiges Pferd verkauft und dafür zehn Goldstücke bekommen. Die Goldstücke hat er in seinen Stoffgürtel gewickelt. Er sieht den verwundeten Mann am Wegrand liegen. Er sieht das Blut am Boden. Er denkt: ‹Da sind böse Räuber in der Nähe! Die ziehen auch mir meinen teuren Mantel aus und stehlen mir die Gold-stücke.› Der Mann macht einen Sprung. Er rennt davon, so schnell ihn die Beine tragen.

Jetzt ist der Verwundete still. Er ruft nicht mehr um Hilfe. Sein Mund ist ausgetrocknet. Seine Stimme ist ganz schwach. ‹Ich bin verloren›, denkt er.

Aber da kommt noch dritter ein Mann daher. Er reitet auf einem Esel. Er sieht den Überfallenen am Boden liegen. Er steigt vom Esel. Er geht

zum Verwundeten. Er kniet nieder. Er öffnet seinen Reisesack. Er reinigt die Wunden. Er tut Salbe darauf. Er verbindet die Wunden. Dann setzt er den Mann auf seinen Esel. Er geht mit ihm langsam und vorsichtig bis zum nächsten Gasthaus. Dort gibt er dem Wirt Geld und sagt: ‹Pflege den Mann! In ein paar Tagen komme ich wieder vorbei. Wenn du mehr Geld brauchst, will ich es dir dann geben.›»

Jesus hat die Geschichte fertig erzählt. Er fragt den Mann mit dem Pferd: «Wer von den drei Männern, die am Verwundeten vorbei gegangen sind, hat seinen Mitmenschen gern gehabt und sich um ihn gekümmert?»

«Der Mann, der ihm geholfen hat.»

«Du hast es begriffen», sagt Jesus. «Mach es in deinem Leben genau so. Wenn jemand deine Hilfe braucht, dann hilf ihm!»

Das gefundene Schaf

Es regnet. Es regnet den ganzen Tag und die ganze Nacht. Es regnet viele Tage und Wochen lang. Dann aber hört der Regen auf. Die Regenzeit ist vorbei. Keine einzige Wolke gibt es mehr am Himmel. Die Sonne scheint warm. Auf den Weiden wachsen grünes saftiges Gras und bunte Blumen. Sie leuchten rot wie Feuer, gelb wie Gold, blau wie das Meer.

Der Hirt stösst die Stalltüre auf. Der Stall steht neben dem Haus im Dorf. «Die Regenzeit ist vorbei!», ruft der Hirt. «Wir gehen auf die Weide!» Die Schafe drängen sich ins Freie. Aber die Tür ist schmal. So schmal, dass nur ein Schaf aufs Mal hindurch gehen kann. Die andern müssen warten. Der Hirt zählt jedes Schaf, das durch die Türe schlüpft: «Eins, zwei, drei, vier ...» Er ist ein guter Hirt. Er kennt jedes Schaf. Kein einziges Schaf darf fehlen.

Die kleinen Schafe laufen hinter der Mutter her. Sie blöken: «Mäh! Mäh!» Sie machen Luftsprünge. Sie hüpfen, hopsen, springen.

Der Hirt pfeift dem Hirtenhund. Er hat ein braunes zottiges Fell. Er bellt. Pfeilschnell rennt er in einem grossen Kreis um die Schafe herum.

Ein Schaf will weglaufen. Der Hund schnappt nach ihm. Er beisst nicht zu. Aber seine Zähne zwicken. Schnurstracks läuft das Schaf zurück zu den andern. So hält der Hirtenhund die Schafherde beisammen.

Der Hirt schreitet mit seinem langen kräftigen Stock vor der Herde. Er geht nicht zu schnell. Damit auch die jungen Schafe mithalten können.

Die Weide ist gross. Der Hirt sieht in der Ferne andere Schafe und andere Hirten. Er setzt sich in den Schatten eines Hirtenhäuschens. Das kleine Haus steht an der Ecke eines geschützten Platzes. Rund um den Platz zieht sich eine Steinmauer. Auf einem Stein liegt eine Eidechse an der Sonne. Sie bewegt sich nicht. Der Hund schnuppert an ihr. Wie der Blitz verschwindet die Eidechse in einer Mauerritze.

Am Abend geht der Hirt mit den Schafen nicht in den Stall im Dorf zurück. Er bleibt auf der Weide. Der Hirtenhund treibt die Schafe auf den Platz innnerhalb der Steinmauer. «Hinein mit euch!», ruft der Hirt. «Auf dem Platz seid ihr sicher. Da getraut sich kein Bär und kein Löwe hinein. Der Hund und ich wachen.»

Der Hirt zählt die Schafe: «Eins, zwei, drei, vier…» Er erschrickt. Ein Schaf fehlt. Er zählt die Schafe noch einmal. Jetzt ist er ganz sicher: Eines der Schafe ist weggelaufen.

«Pass auf!», befiehlt er seinem Hund. «Wenn ein Bär oder ein Löwe zu nahe kommt, dann verjag ihn!»

Der Hirt macht sich auf den Weg. Er sucht das Schaf. Ist es wohl zu den andern Herden in der Ferne gegangen? Der Hirt fragt die andern Hirten. Sie schütteln die Köpfe. Sie haben das Schaf nicht gesehen.

Schon geht die Sonne unter. Es wird dunkel. Es wird kalt. Tausend Sterne funkeln am Himmel. Die Äste der Bäume und Sträucher bewegen sich im Nachtwind. Irgendwo knurrt ein wildes Tier. «Hoffentlich ist mein Schaf noch am Leben!», denkt der Hirt. Er ruft: «Hooo! Hooo!»

Stille. Kein «Mäh, Mäh», ertönt. Der Hirt steigt hinauf in die Berge. Hier ist es stockdunkel. Der Hirt sucht den Weg durch die Felsen. Da! Hat nicht in der Ferne ein Schaf geblökt? Der Hirt steht still. Er lauscht. Da wieder: ein Blöken voller Angst. Von dort oben kommt es! Von ganz zuoberst auf dem Fels. Der Hirt klettert in die Höhe. Immer weiter. Immer höher. Jetzt geht der Mond auf. Hell strahlt sein Licht über den Berggrat. Jetzt sieht der Hirt das Schaf. Es liegt erschöpft am Rand eines Felsens. Es hat Angst. Es zittert.

Jetzt bemerkt es den Hirten. Mühsam steht es auf. «Bleib dort!», ruft der Hirt. «Sonst fällst du hinunter!» Der Hirt klettert vorsichtig weiter. Er kommt zum Felsvorsprung. Er greift nach dem Schaf. Er legt es auf seine Schultern. Langsam klettert er zurück. Er findet den Pfad. Er jauchzt. Er singt. Alle Angst ist verflogen. Er freut sich, dass er sein Schaf gefunden hat. Er freut sich, dass dem Tier nichts Böses geschehen ist.

Der Hirt geht zu den andern Hirten. «Freut euch mit mir!», ruft er ihnen zu. «Ich habe mein verlorenes Schaf gefunden!» Die Hirten lachen. Sie tanzen vor Freude. Der Hirt hebt das Schaf von seinen Schultern. Er schöpft ihm Wasser aus dem Brunnen. Er wartet, bis sich das Schaf erholt hat. Dann geht er zu seiner Herde zurück. Das Schaf geht ganz dicht neben ihm. Es weicht nicht von seiner Seite.

Wie der Blitz rennt der Hirtenhund den Beiden entgegen. Er bellt und wedelt mit dem Schwanz. Auch er freut sich, dass sein Meister das Schaf gefunden hat.

Und Jesus sagt zu den Menschen: «So ist Gott. Er ist wie der gute Hirt.»

Zachäus gehört auch dazu

Vor der Stadt Jericho steht ein Zollhaus. Beim Zollhaus sitzt der Zöllner Zachäus auf einem Stuhl. Seine Beine berühren kaum den Boden. Denn Zachäus ist klein. Er trägt Stiefel mit hohen Sohlen. Die machen ihn ein wenig grösser.

Eine Frau kommt daher. Sie trägt einen Topf Honig auf dem Kopf. Sie will den Honig auf dem Markt in der Stadt verkaufen. Zachäus versperrt ihr den Weg. «Bezahl mir den Zoll», sagt er. «Sonst darfst du den Honig nicht auf dem Markt verkaufen.» Die Frau schaut den Zachäus böse an. Aber sie muss ihm ein Geldstück geben. Jetzt erst darf sie durch das Stadttor nach Jericho hinein.

Da kommt ein Mann. «Was hast du in dem Korb?», fragt Zachäus. «Knuspriges Brot, Käse. Rosinenkuchen, Sirup und Wein», sagt der Mann. «Ich will mit meinen Freunden in der Stadt ein Fest feiern.» Zachäus sagt: «Du musst mir Zoll bezahlen, sonst darfst du das Brot, den Käse, den Kuchen, den Sirup und den Wein nicht mit in die Stadt nehmen.» Der Mann schaut den Zöllner böse an. Aber er gibt ihm das Geld.

So geht es den ganzen Tag. Alle müssen dem Zachäus Geld bezahlen. Zachäus ist reich. Er wohnt in einem prächtigen Haus. Das Haus steht in einem Garten mit Palmen und bunten Blumen. Die Blumen duften süss. Bienen und Schmetterlinge lassen sich auf ihnen nieder. Zachäus trägt einen roten Mantel aus feinem Stoff mit Goldfäden. Die Leute in Jericho sagen: «Zachäus verlangt zu viel Zoll. Darum ist er so reich. Darum hat er ein so schönes Haus und einen so grossen Garten.» Die Leute in Jericho hassen Zachäus. Sie sagen: «Zachäus gehört nicht zu uns. Wir wollen nichts mit ihm zu tun haben.» Darum ist Zachäus immer allein. Er hat keine Freunde. Niemand sagt: «Komm doch zu uns, Zachäus! Wir wollen miteinander essen, trinken und zur Musik tanzen.» Zachäus sitzt ganz allein in seinem prächtigen Haus. Niemand hat ihn gern. Nachts, wenn es niemand sieht, weint er manchmal.

Eines Tages sagen die Leute von Jericho: «Jesus geht nach Jerusalem. Da kommt er bei uns in Jericho vorbei. Seine Jünger und viele andere Menschen begleiten ihn. Jesus ist ein berühmter Mann. Wir müssen ihn wie einen König begrüssen.» Da machen die Leute von Jericho ihre Stadt schön. Die Männer streichen ihre Häuser so weiss, dass sie in der Sonne die Augen blenden. Die Frauen und Kinder winden Kränze aus Palmenblättern und Blumen. Sie hängen die Kränze über das Stadttor und an die Häuser.

Jesus kommt nach Jericho. Und mit ihm seine Jünger und Jüngerinnen: der Simon, Petrus, die Johanna, der Andreas, die Susanna und alle andern. Die Strasse ist gestossen voll von Menschen. Ist das ein Gedränge, ein Rufen, ein Klatschen, ein Winken.

Da kommt Zachäus. Auch er will Jesus sehen. Ganz zuvorderst will er stehen, damit er sich Jesus genau ansehen kann. Er will zwischen den Leuten durchschlüpfen. Aber die Leute machen sich breit. Sie hassen Zachäus. Sie versperren ihm den Weg. Sie lassen ihn nicht nach vorn.

Am Wegrand steht ein Baum. Zachäus hält sich an einem Ast fest. Er zieht sich in die Höhe. Er stemmt sich auf den Ast. Er klettert von einem Ast auf den andern. Immer höher klettert er. Die Leute zeigen mit dem Finger auf ihn. Sie lachen. Sie verspotten Zachäus: «Seht den kleinen Zachäus! Wie eine Katze sitzt er auf dem Baum! Recht geschieht dem bösen Zachäus, dass er ganz allein dort oben sitzen muss!»

Da sieht Jesus den Zachäus. Er hört, wie die Leute ihn verspotten. Da sagt er: «Komm schnell vom Baum herunter, Zachäus! Ich habe Hunger. Ich will bei dir zuhause mit dir essen. Ich bin müde. Ich möchte bei dir zuhause schlafen. Du lädst mich doch ein?»

80

Zachäus kann es nicht glauben. Alle hassen ihn. Alle lachen ihn aus. Kein Mensch will mit ihm essen. Und da kommt Jesus und redet mit ihm wie mit einem Freund. Schnell schwingt sich Zachäus von Ast zu Ast. Er springt auf den Boden. Jetzt treten die Menschen zur Seite. Zachäus geht zu Jesus und umarmt ihn.

Ein Mann ruft: «Dieser Jesus ist kein richtiger König. Er ist nicht der rechte Heiland. Sonst würde er nicht zu einem so bösen Menschen, wie der Zachäus einer ist, nach Hause gehen und mit ihm essen. Gott hat die bösen Menschen nicht gern.» «Gott hat alle Menschen gern», sagt Jesus. «Ein böser Mensch kann nämlich ein guter Mensch werden.»

Zachäus strahlt. Er ruft: «Ich habe vielen von euch zu viel Zoll verlangt. Kommt morgen zu mir. Ich gebe euch alles Geld zurück. Und wer arm ist, dem gebe ich Brot, Kleider und Schuhe.»

Von diesem Tag an ist Zachäus nie mehr allein. Die Leute versperren ihm nie mehr den Weg. Sie lachen ihn nie mehr aus. Er hat jetzt viele Freunde. Er lädt Jesus und alle andern zum Essen in seinen Garten ein. Als es dunkel wird, zündet Zachäus Laternen und Fackeln an. Alle essen. Thomas spielt auf der Flöte. Ist das ein fröhlicher Abend!

Jesus in Jerusalem

Jesus und seine Jüngerinnen und Jünger stehen früh am Morgen auf.
Draussen ist es noch dunkel. Nur manchmal leuchtet durch das Fenster
eines Hauses der Schein einer Öllampe. Sie verlassen die Stadt Jericho.
Der Weg geht steil hinauf in die Berge. Niemand redet. Alle geben
Acht, dass sie nicht stolpern. Am schwarzen Himmel funkeln viele
Sterne. So viele sind es – niemand kann sie zählen.

Jetzt wird der Himmel hell und heller. Die Sonne geht auf. Die weissen
Häuser eines Dorfes blenden die Augen. Das Dorf liegt beinahe auf der
Spitze des Bergs. Jesus setzt sich auf einen Stein. Er sagt: «Hinter dem
Berg liegt die Stadt Jerusalem. Dort regiert der König Herodes. Er hat
Angst. Er denkt: ‹Bestimmt will mir jemand die Krone wegnehmen und
selber als König regieren.› Wenn die Leute sich vor einem andern Mann
verneigen als vor ihm, dann tötet er diesen Mann.»

«Wir gehen nicht nach Jerusalem!», sagt Simon Petrus. «Wir kehren um!
Wenn wir in die Stadt kommen, dann begrüssen dich die Menschen wie
einen König. Sie verneigen sich vor dir! Und dann wird dich der König
Herodes töten.»

Jesus schüttelt den Kopf: «Soll ich den Menschen in Jerusalem nicht von Gott erzählen? Soll ich ihnen nicht sagen: Gott hat euch gern? Soll ich ihnen nicht helfen? Wir gehen nach Jerusalem. Aber ich reite nicht auf einem feurigen Pferd in die Stadt wie ein König. Ich will auf einem sanften Esel in die Stadt reiten. So merkt auch der König Herodes, dass ich Frieden bringe.»

Jesus weist mit der Hand auf das Dorf am Berghang. Er sagt zu Andreas und Thomas: «Geht in das Dorf dort. Vor dem ersten Haus steht ein Esel. Er ist angebunden. Bindet ihn los. Wenn euch jemand fragt: ‹Warum bindet ihr den Esel los?›, dann antwortet: ‹Jesus braucht ihn.› Die Leute kennen mich. Es sind Freunde.»

Andreas und Thomas machen sich auf den Weg. Sie sehen den Esel. Er hat ein silbergraues Fell und treuherzige Augen. «Auf solchen Eseln sind früher die Könige und die Prinzen geritten», sagt Andreas. Sie binden den Esel los. Da kommt eine Frau aus dem Haus. Sie schaut die beiden Jünger streng an. Sie fragt: «Warum bindet ihr den Esel los?» Thomas antwortet: «Jesus braucht ihn!» Da hellt sich das Gesicht der Frau auf. Sie nickt: «Nehmt den Esel mit und grüsst Jesus von mir!»

Thomas schlüpft aus seinem blauen Mantel. Er breitet ihn auf dem Rücken des Esels aus. Johanna legt ihr rotes Schultertuch darüber.

Thomas faltet sein gelbes Stirntuch auseinander. Er legt es dem Esel auf die Mähne. Johannes klatscht in die Hände. Er ruft: «Was für ein prächtiger Esel! Er ist schöner geschmückt als das Pferd eines Königs.»

Jesus steigt auf das Tier. Der Esel trippelt den Berg hinan. Neben ihm und hinter ihm schreiten die Jüngerinnen und Jünger und alle andern, die Jesus begleiten. Sie kommen am Dorf vorbei. Frauen, Männer und Kinder treten aus den Häusern und schliessen sich dem Zug an. Endlich sind sie oben am Berg. Ihnen gegenüber liegt die Stadt Jerusalem. Der Tempel leuchtet in der Morgensonne. Die Leute singen: «Lieber Gott, du bist so freundlich. Du hast uns dieses schöne Land geschenkt. Du lässt Feigen und Trauben und Mandeln wachsen. Wir müssen keinen Hunger haben. Lieber Gott, wir danken dir.»

Aus der Stadt kommen Frauen und Männer. Sie jubeln Jesus zu. Sie legen ihre Mäntel auf den Boden. Sie legen Palmenzweige auf den Weg. Der Esel schreitet über sie wie über einen Teppich. Sie rufen: «Willkommen, Friedenskönig Jesus! Gott schickt dich zu uns! Du bringst uns Frieden, Freude und die Liebe von Gott.» Jesus reitet auf dem Esel durch das Stadt-tor. Die Hufe des Esels klappern auf dem Pflaster der Gasse. Immer mehr Menschen laufen zusammen. Das Gedränge wird grösser und grösser. Immer mehr rufen: «Willkommen, Friedenskönig Jesus! Gott schickt dich zu uns! Du bringst uns Frieden, Freude und die Liebe von Gott.» Beim

Tempel steigt Jesus vom Esel. Thomas bringt das Tier der Frau im Dorf zurück. Jesus geht mit den andern Jüngern auf den grossen Platz vor dem Tempel. Dort verkaufen Händler Schafe, Ziegen und Tauben. Auf ihren Tischen liegen viele Geldstücke. Da wird Jesus zornig. Er ruft: «Der Tempel gehört Gott. Da sollen die Menschen Gott danken. Sie sollen beten und singen. Ihr aber habt den Tempel zu einem Kaufhaus gemacht.» Jesus ergreift einen Tisch. Er wirft ihn auf den Boden. Das Geld rollt über den Boden. Jesus öffnet die Käfige mit den Tauben. Die Tauben flattern und fliegen über den Platz. Die Händler schreien. Sie machen die Faust gegen Jesus. Da verlässt Jesus mit seinen Jüngern den Tempelplatz. Sie gehen in ein Haus mitten in der Stadt. Dort können sie wohnen.

Abendmahl

König Herodes sitzt in seinem Palast auf dem Thron. Ein Diener stürzt zur Tür herein. Er kniet vor dem König auf den Boden. Er erzählt: «Jesus ist auf einem Esel in die Stadt geritten. Viele Menschen haben ihn begleitet. Aus der Stadt sind andere Menschen zu ihm geströmt. Alle haben gerufen: ‹Willkommen König Jesus!› Sie haben ihre Mäntel auf dem Boden ausgebreitet. Jesus ist mit dem Esel über die Mäntel wie über einen Teppich geritten. Genau so, wie es ein König mit seinem Pferd macht! Dann ist Jesus in den Tempel gegangen. Er hat die Tische der Händler umgeworfen und die Tauben aus den Käfigen gelassen.»

«Ein neuer König!», ruft Herodes voller Angst. «Dieser Jesus will sich auf meinen Thron setzen! Er will sich mit meiner Krone schmücken! Das lass ich nicht zu. Nehmt diesen Jesus gefangen. Er muss sterben!»

Zur gleichen Zeit sitzt Jesus mit seinen Jüngern an einem grossen Tisch im Haus in Jerusalem. Auf dem Tisch liegen flache, knusprige Brote. In Schüsseln dampfen gekochtes Gemüse und gebratenes Fleisch. Die Becher sind mit Wein gefüllt. Alles ist so wie immer, wenn Jesus und seine Jünger festlich essen. Nur das, was sonst noch zum Essen gehört, fehlt. Thomas spielt keinen Tanz auf seiner Flöte. Andreas zupft nicht an den Saiten seiner Laute. Niemand klatscht den Takt in die Hände.

Da sagt Simon Petrus: «Immer wenn wir miteinander gegessen und getrunken haben, sind wir fröhlich gewesen. Wir haben gelacht und gesungen. Warum bist du heute so traurig, Jesus?»

Jesus antwortet: «Die Soldaten des Königs Herodes nehmen mich heute Nacht gefangen. Morgen muss ich sterben.» «Das darf nicht geschehen!», ruft Johannes. «Das lassen wir nicht zu!», sagt Simon Petrus. Er rollt den Ärmel am Rock zurück und zeigt seine Muskeln. Er sagt: «Wir sind stark. Wir wehren uns. Wir kämpfen. Wenn es sein muss, sterbe ich mit dir!» Jesus schüttelt den Kopf. Er sagt: «Ich bin auf einem Esel nach Jerusalem geritten. Ich will keinen Kampf. Ich will keinen Krieg. Ich bin ein Friedenskönig. Und du, Petrus, – du stirbst nicht mit mir. Wenn die Soldaten kommen, rennst du davon. Und bevor morgen die Sonne aufgeht und der Hahn kräht, sagst du: ‹Ich kenne diesen Jesus nicht.›»

Jakobus sagt: «Es ist Nacht. Niemand kann uns sehen. Wir verlassen Jerusalem. Wir flüchten. Wir gehen zurück nach Kafarnaum. Dort erzählt Jesus den Menschen wieder von Gott. Dort bringen wir den

Menschen die frohe Botschaft von Gottes Liebe. Wir fahren im Boot über den See Gennesaret. Alles ist wie früher.»

«Nein», gibt Jesus zur Antwort. «Ich renne nicht davon. Ich bleibe hier. Alle Menschen, auch der König Herodes, müssen wissen, dass Gott sie gern hat. Dafür will ich sterben.»

«Wenn du nicht mehr bei uns bist, sind wir wie Kinder ohne ihre Mutter», sagt Jakobus. «Was sollen wir dann tun?» «Ich bin immer bei euch», sagt Jesus. «Auch wenn ihr mich nicht mehr seht, bin ich bei euch.»

Jesus greift nach einem Brot. Er hebt das Brot gegen den Himmel. Er sagt: «Vater im Himmel, ich danke dir, dass du uns zu essen gibst. Ich danke dir, dass wir das Essen teilen dürfen.» Jesus bricht das Brot. Er sagt: «So sollt ihr nach meinem Tod immer wieder miteinander das Brot brechen und an mich denken.» Jesus reicht die Brotstücke den Jüngern. Sie essen.

Jetzt nimmt Jesus einen Becher. Er hebt ihn gegen den Himmel. Er trinkt. Er reicht ihn seinen Jüngern. Er sagt: «So sollt ihr nach meinem Tod immer wieder miteinander aus einem Becher trinken und an mich denken. Ich bin immer bei euch, auch wenn ihr mich nicht seht.»

Jesus geht mit seinen Jüngern in die Nacht hinaus. Die Jünger tragen Fackeln. Sie gehen durch die Gassen. Es ist warm. Sie kommen in einen Garten mit vielen Bäumen. Jesus sagt zu seinen Jüngern: «Ich will zu meinem Vater im Himmel beten. Wartet hier. Betet auch.» Jesus geht ein Stück weiter. Er setzt sich auf einen Stein. Er betet: «Vater im Himmel. Ich habe Angst, weil ich sterben muss. Aber du bist in meiner Angst bei mir. Ich vertraue dir.»

Jesus geht zurück zu seinen Jüngern. Sie beten nicht. Sie sind eingeschlafen. Jesus weckt sie. Er sagt: «Könnt ihr nicht eine Weile wach bleiben und beten?» Jesus geht noch einmal weg und betet. Dann kommt er zurück. Die Jünger schlafen. Jesus weckt sie. Er weist mit der Hand auf Lichter in der Dunkelheit. Die Lichter kommen näher. Es sind Soldaten. Sie tragen Fackeln. Sie ergreifen Jesus. Sie führen ihn in die Stadt. Jesus wehrt sich nicht. Die Jünger aber fliehen und verstecken sich in der Dunkelheit der Nacht.

Das Kreuz

Die Soldaten führen Jesus zum König Herodes. Es ist früh am Morgen. Die Sonne ist noch nicht aufgegangen. Herodes liegt im Bett und schläft. Ein Diener weckt Herodes. Er sagt zu ihm: «König Herodes! Jesus ist da. Er wartet mit den Soldaten im Hof. Wir haben deinen Thron in den Hof getragen.»

Herodes brummt. Er gähnt. Er steht auf. Er wirft sich den roten Morgenrock über das Nachthemd. Er schlüpft in seine Pantoffeln. Er geht die Treppe hinunter und in den Hof hinaus. Er setzt sich auf seinen Thron. Er schaut sich Jesus genau an. Er sagt: «Du bist ein König? Dann zeig mir deine Diener! Ruf deine Soldaten! Wo ist dein Thron?»

Jesus schweigt. Herodes schaut Jesus verwundert an. Dann sagt er: «Kannst du mir ein Wunder machen? Kannst du vom Dach meines Palastes hinunterspringen? Kannst du auf dem Boden landen, ohne dass es dir weh tut?»

Jesus schweigt. Herodes sagt: «Ein rechter König hat eine Krone. Wo hast du deine Krone?»

Jesus sagt nichts. «Red endlich!» ruft Herodes. «Wo hast du deine Krone?»

Jesus schweigt. Da ruft ein Diener des Herodes: «Ich mach ihm eine Krone!» Er geht in eine Ecke des Hofes. Dort steht ein stachliger Strauch mit langen spitzen Dornen. Der Soldat windet aus den Zweigen des Strauchs einen Kranz. Er drückt den Dornenkranz Jesus auf den Kopf. Er verneigt sich vor Jesus. Er ruft: «Was für eine prächtige Krone hat unser König Jesus!» Alle lachen.

Jesus schweigt. Da verbindet ein anderer Soldat Jesus mit einem Tuch die Augen. Er greift nach einem Stock. Er schlägt Jesus mit dem Stock auf den Rücken. Er fragt Jesus: «Sag mir, wer hat dich geschlagen?» Jesus schweigt.

Da schleicht Simon Petrus in den Hof. Er versteckt sich hinter einem Baum. Aber ein Soldat sieht Petrus hinter dem Baum. Er geht mit einer Fackel zu ihm. Er leuchtet Petrus ins Gesicht. Er sagt: «Du bist doch ein Jünger von Jesus! Du bist gestern mit ihm in die Stadt gekommen! Du bist vor dem Esel gelaufen und hast Palmenzweige auf den Weg gestreut. Ich habe dich gesehen!»

Petrus zittert. Er hat Angst. Er ruft: «Du verwechselst mich mit jemand anderem. Ich kenne diesen Jesus nicht.» Da kräht aus einem Hof ein

Hahn. Petrus rennt fort. Er versteckt sich. Er weint.

Die Soldaten laden Jesus einen schweren Balken auf die Schultern. Sie treiben ihn durch die Gassen der Stadt. Viele Frauen und Männer begleiten ihn. Manche verspotten ihn. Aber die meisten sind traurig und weinen.

Sie kommen auf einen Platz vor der Stadt. Jesus muss die Arme ausbreiten. So binden ihn die Soldaten am Balken fest. Den Balken befestigen sie oben an einem Pfahl. Jesus hängt an diesem Kreuz. Er hat Schmerzen. Ein Soldat ruft: «Du hast doch vielen Menschen geholfen! Hilf dir doch jetzt selber! Steig vom Kreuz hinunter!» Da weist ihn ein anderer Soldat zurecht: «Was du sagst, ist gemein! Ich glaube, dass dieser Jesus wirklich ein König ist. Er brüllt uns nicht an. Er flucht nicht. Er ist wirklich ein Friedenskönig.»

Jesus stirbt am Nachmittag. Ein reicher und vornehmer Mann aus Jerusalem sagt: «Ich besitze ein schönes Grab. Dort hinein will ich den toten Körper von Jesus legen.» So geschieht es.

Es wird Nacht. Die Jünger kommen aus ihren Verstecken hervor. Sie schleichen in der Dunkelheit durch die Stadt. Sie gehen in das Haus, wo sie am Abend vorher mit Jesus gegessen haben. Einer nach dem andern kommt in das Haus. Alle sind traurig und ratlos. Sie sagen: «Was sollen wir jetzt machen? Sollen wir hier in Jerusalem bleiben? Oder sollen wir nach Kafarnaum zurückgehen? Zu unseren Booten?»

Simon Petrus sagt: «Wir gehen heim an den See. Dort werden wir wieder unsere Netze auswerfen und Fische fangen. Bald haben die Menschen Jesus und seine Geschichten vergessen. Bald haben die Menschen vergessen, dass Jesus dem lahmen Mann und dem kranken Mädchen geholfen hat.»

Andreas sagt: «Ich spiele nie mehr in meinem Leben Laute.» Thomas sagt: «Ich spiele nie mehr auf meiner Hirtenflöte.»

Johannes sagt: «Wenn Jesus jetzt doch nur bei uns wäre. Wenn er uns doch nur sagen würde, was wir tun sollen.»

«Das kann er nicht», sagt Simon Petrus. «Er ist gestorben.»

Emmaus

Zwei Tage sind vergangen. Es ist Sonntagmorgen. Kleopas und Markus verlassen Jerusalem. Kleopas und Markus sind Freunde von Jesus. Sie wohnen in Emmaus. Das Dorf Emmaus liegt nahe bei Jerusalem.

Die Sonne scheint warm. In den Bäumen piepsen die Spatzen. Auf der Weide grasen ein paar Ziegen. Ein Zicklein meckert. Es hopst zur Mutter und trinkt Milch.

Aber Kleopas und Markus achten nicht auf die Ziegen. Sie hören das Gezwitscher der Vögel nicht. Sie sind traurig.

Kleopas sagt zu Markus: «Vor einer Woche ist Jesus auf dem Esel in die Stadt geritten. Wir haben ihm Palmenzweige auf den Weg gelegt. Wir haben mit allen andern Menschen gerufen: ‹Willkommen, König Jesus! Gott schickt dich zu uns! Du bringst uns Frieden, Freude und die Liebe von Gott.› Aber dann haben die Soldaten Jesus gefangen genommen. Er ist am Kreuz gestorben. Sie haben ihn ins Grab gelegt.»

«Wie habe ich mich auf Jesus gefreut!», gibt Markus zur Antwort. «Auf seine Liebe. Auf seine Umarmung. Auf seine Fröhlichkeit. Und jetzt ist er tot. Nie mehr redet er mit uns. Nie mehr tröstet er uns.» Kleopas weint. Er sagt: «Und nie mehr erzählt er uns Geschichten. Die Jünger und Jüngerinnen kehren bestimmt wieder zurück an den See Gennesaret. Bald haben die Menschen Jesus vergessen. Sie vergessen, dass er den lahmen Mann gesund gemacht hat. Sie vergessen, dass er zu Zachäus nach Hause gegangen ist. Und sie vergessen seine Geschichten.»

So reden Markus und Kleopas miteinander. Sie merken nicht, dass ein Mann neben ihnen hergeht. Der Mann fragt sie: «Was redet ihr denn so eifrig miteinander?» Erstaunt bleiben Markus und Kleopas stehen. Sie schauen den Mann an. Es ist ein fremder Mann. Sie haben ihn noch nie gesehen. «Du weisst nicht, was in Jerusalem geschehen ist?», fragt Kleopas den fremden Mann. «Was ist in Jerusalem geschehen?», will der Mann wissen. «Das mit Jesus von Nazaret!», antwortet Markus. «Jesus – das ist ein ganz bekannter Mann gewesen. Er ist ein König gewesen. Nicht ein König wie Herodes einer ist. Kein König, der Krieg führt. Er ist ein Friedenskönig gewesen. Er hat gesagt: ‹Gott ist wie ein Vater. Er ist mein Vater. Und er ist euer Vater.› Jesus hat vielen Menschen geholfen. Den Armen. Den Kranken. Dem Lahmen. Dem Zöllner Zachäus. Aber der König Herodes hat ihn gefangen genommen und ihn ans Kreuz schlagen lassen. Vor drei Tagen ist Jesus gestorben und in ein Grab gelegt worden. Darum sind wir so traurig.»

Der fremde Mann hört Markus zu. Er fragt Kleopas: «Hat Jesus gegen die Soldaten gekämpft?» «Gewiss nicht», antwortet Kleopas. «Simon Petrus hat kämpfen wollen, aber Jesus hat es verboten.» Der fremde Mann fragt Markus: «Ist Jesus geflohen, als ihn die Soldaten verhaftet haben?» «Nein», antwortet Markus. «Er hat zu Johannes gesagt: ‹Ich fliehe nicht. Alle Menschen müssen wissen, dass Gott sie gern hat. Dafür will ich sterben.›»

«Ja», sagt der fremde Mann, «das hat er gesagt. Und einmal hat er zu seinen Jüngern gesagt: ‹Wer einen Kranken besucht und ihn tröstet, der besucht und tröstet mich. Wer Hungrigen ein Stück Brot gibt, der gibt mir ein Stück Brot. Wer einen Mann oder eine Frau im Gefängnis besucht, der besucht mich. Wenn ihr miteinander esst und trinkt, dann esst und trinkt ihr auch mit mir. So bin ich an jedem Tag und in jeder Nacht bei euch.›»

Kleopas schaut den fremden Mann erstaunt an. Er denkt: «Das ist ja unheimlich. Woher weiss der fremde Mann das alles? Das ist ja, wie wenn Jesus selber mit uns reden würde.» Aber Kleopas getraut sich nicht, den Fremden zu fragen.

Die drei Männer kommen zum Dorf Emmaus. Kleopas weist auf ein Haus. Er sagt: «Da wohne ich.» Er geht mit Markus zur Tür und schliesst sie auf. Der fremde Mann geht weiter. Kleopas ruft: «Gleich geht die Sonne unter. Dann wird es dunkel. Bleib doch bei uns!» Da geht der Fremde mit Markus und Kleopas in das Haus. Markus kocht eine Suppe. Kleopas holt Brot aus der Vorratskammer. Er zündet eine Kerze an. Sie setzen sich an den Tisch. Der fremde Mann greift nach einem Brot. Er hebt das Brot gegen den Himmel. Er sagt: «Vater im Himmel, ich danke dir, dass du uns zu essen gibst. Ich danke dir, dass wir das Essen teilen dürfen.» Er bricht das Brot und reicht die Stücke Kleopas und Markus. Die beiden Männer starren den Fremden an. Dann ruft Kleopas: «Jesus! Du bist Jesus!» Da ist der Mann verschwunden.

«Markus sagt: Jesus lebt. Wir müssen zurück nach Jerusalem. Wir müssen es den Jüngerinnen und Jüngern sagen.» Markus bläst die Kerzenflamme aus. Kleopas schliesst die Tür. Sie eilen nach Jerusalem.

Die Christen

Es ist Nacht. Die Strassen in Jerusalem sind dunkel und still. Die Menschen schlafen. Nur Hunde streunen durch die Gassen. Sie schnüffeln am Boden und in den Ecken. Sie fressen die Abfälle. Sie jagen hinter Katzen her.

Kleopas und Markus schlüpfen durch die kleine Tür neben dem Stadttor. Sie kennen den Weg zum Haus, in dem die Jünger sind. Aber die Tür ist verriegelt. Markus klopft an das Tor. Die Jünger im Haus erschrecken. «Nicht aufmachen!», flüstert Andreas. «Es sind die Soldaten. Sie wollen uns ins Gefängnis schleppen.»

Kleopas poltert mit der Faust an die Türe. Niemand macht auf. Kleopas ruft: «Macht auf! Wir sind es! Kleopas und Markus!» Da geht die Tür einen Spalt weit auf. Thomas leuchtet mit einer Fackel in die Dunkelheit. «Kommt herein!», ruft er.

Kleopas und Markus erzählen den Jüngern von ihrer Wanderung nach Emmaus. Sie erzählen ihnen von dem fremden Mann. Sie sagen: «Er hat alles gewusst über Jesus. Er hat gewusst, was Jesus gesagt hat. Was er erzählt hat. Was er getan hat. In Emmaus ist er mit uns ins Haus gekommen. Er hat mir uns gegessen. Er hat das Brot in Stücke gebrochen und es uns gegeben. Da haben wir plötzlich gemerkt: Das ist ja Jesus! Er ist nicht tot. Er lebt.»

Thomas schlägt sich mit der Hand an den Kopf: «Jetzt verstehe ich! Jesus hat ja gesagt: Ich bin immer bei euch!»

Simon Petrus weint. Er sagt: «Ich schäme mich. Ich habe zu den Soldaten gesagt: ‹Ich gehöre nicht zu diesem Jesus. Ich kenne ihn nicht.› Aber morgen gehe ich in die Stadt. Ich sage zu allen Menschen: ‹Ich kenne Jesus. Ich gehöre zu ihm.›»

Die Jüngerinnen und Jünger haben jetzt keine Angst mehr. Auf den Strassen, auf den Plätzen, im Tempel und überall im ganzen Land erzählen sie von Jesus. Sie sagen zu den Menschen: «Jesus lebt. Er ist bei uns. Kommt in unser Haus. Wir wollen miteinander essen und trinken und fröhlich sein.»

Ein Mann sagt: «Ich sehe nur euch. Ich sehe nur die Frau dort. Sie kann kaum gehen. Sie hat einen krummen Rücken. Ich sehe nur den Bettler im Dreck sitzen und jammern. Ich sehe dort drüben nur das Gefängnis und höre die Gefangenen schreien.»

Andreas antwortet: «Jesus hat gesagt: ‹Wenn ihr einen Kranken seht oder einen Armen oder einen Gefangenen, dann seht ihr mich. Denn ich komme zu euch in den Kranken, in den Armen, in den Gefangenen. Und was ihr diesen und allen andern Menschen Gutes tut, das tut ihr mir. Wenn ihr ihnen zu essen gebt, dann gebt ihr mir zu essen. Wenn ihr sie besucht, dann besucht ihr mich.› »

Immer mehr Menschen kommen in das Haus der Jünger. Viele von ihnen haben eine weisse Hauptfarbe. Andere sind Schwarze. Oder solche mit einer gelben oder braunen Haut. Es sind Frauen und Männer, ganz Junge mit langen oder kurzen, mit braunen, schwarzen, roten oder blonden Haaren. Oder Alte mit weissen oder gar keinen Haaren. Es sind Reiche und Arme, Grosse und Kleine. Und alle sitzen beieinander. Sie hören die Geschichte vom lahmen Mann. Wie seine Freunde ihn durch das Dach zu Jesus gebracht haben. Sie hören die Geschichte vom Sturm auf dem See. Sie hören die Geschichte vom Schaf und vom guten Hirten. Sie hören die Geschichte vom ausgeraubten Mann in der Wüste und von seinem Helfer. Dann teilen sie miteinander das Brot. Sie trinken miteinander aus dem Becher. Thomas spielt auf der Flöte. Andreas spielt auf der Laute. Sie singen. Sie tanzen. Sie spüren: Jesus ist bei uns.

Und die Menschen gehen hinaus in die weite Welt. Sie reiten auf Pferden, auf Eseln. Sie fahren in Wagen. Sie gehen zu Fuss. Und überall erzählen sie von Jesus. Sie sagen: «Jesus lebt. Wir gehören zu ihm. Wir gehören zum Friedenskönig Jesus.»

Und weil Friedenskönig in der Sprache von damals Christus geheissen hat, heissen alle, die sagen: «Wir gehören zum Friedenskönig», Christen.

Wie haben doch die Jünger gesagt, als Jesus gestorben ist? Sie haben gesagt: «Bald ist Jesus vergessen. Bald erzählt niemand mehr seine Geschichten.»

Aber es ist ganz anders gekommen. Denn von Jesus und seinen Geschichten erzählen die Menschen bis zum heutigen Tag.

Nachwort
Hinweise für Erzählende

In diesem Buch werden zwanzig Geschichten aus dem Neuen Testament
für Kinder ab drei Jahren erzählt. Im Mittelpunkt stehen ausgewählte
Begegnungen mit Jesus. Sie erzählen von den verschiedensten Erfahrun-
gen, die Menschen mit diesem Friedenkönig gemacht haben.
In den Erzählungen spiegeln sich grundlegende Lebenserfahrungen
wider. Sie erzählen von mutigen und ängstlichen Menschen, von
Freude, Trauer, Hoffnung und Vertrauen, und sie berichten davon, dass
Gott nahe ist wie ein Vater und eine Mutter mit fürsorglicher Liebe.
Beim Zuhören erlebt das Kind, wer dieser Jesus ist. Es kann eine Be-
ziehung zu ihm entwickeln, die nicht bei der Geburtsgeschichte an
Weihnachten und dem herzigen Kind in der Krippe stehen bleibt.

Jüngere Kinder verbinden alles Gehörte mit ihren eigenen Lebenserfahrungen und ihren Lebenswelten. So wurden bei der Auswahl der Geschichten wie auch bei der Gestaltung der Erzählungen die Erkenntnisse
der Entwicklungspsychologie von Kindern im Vorschulalter miteinbe-

zogen. Die biblischen Geschichten selbst wurden zwar ursprünglich nicht für Kinder erzählt, doch thematisieren viele Erzählungen die Welt- und Gottesvorstellungen der Kinder. Angst, Zuversicht, Hoffnung und Vertrauen sind grundlegende Themen des Lebens und daher auch der Bibel.

Die Texte erzählen in einer einfachen und bildhaften Sprache. Auf den Wortschatz der jüngeren Kinder wird Rücksicht genommen. Die Geschichten werden so dargeboten, dass sie von den Erzählenden leicht in Mundart übertragen werden können. Eine Ausnahme bildet das *Unser Vater,* das bewusst in der weltumspannenden, ökumenischen Fassung wiedergegeben wird.

Zweifellos werden Hoffnung, Geborgenheit und Vertrauen nicht nur erzählt, sondern sie werden in erster Linie von den Kindern auch erfahren. Das geschieht durch die Zuwendung der Erzählperson und durch eine spezielle Erzählatmosphäre, zum Beispiel abends am Kinderbett oder in einem besonderen Gottesdienst für kleine Kinder in der Kirche. Viele Eltern begleiten ihre Kinder zu solchen Anlässen. Diese Gottesdienste werden – je nach Landesgegend – unter verschiedenen Namen («Fiire mit de Chliine», Kleinkinderfeier, «Krabbelfeier» und anderen Bezeichnungen) angeboten. Spiel, Singen und eigenständiges Mitmachen spielen dabei im Rahmen des ganzheitlichen Lernens der Kinder und der Nachhaltigkeit der Geschichten eine dominierende Rolle und schulen gleichzeitig das soziale Verhalten. Auch das Erzählen biblischer Geschichten, wie es seit eh und je geübt wird, ist ein fester Bestandteil in diesen Feiern.

Besonders hilfreich ist das Wiederholen der gleichen Erzählsituation an einem speziellen Ort und in einer besonderen Atmosphäre, verbunden mit einem immer wiederkehrenden Ritual. Solch ein Ritual kann das Anzünden einer Kerze oder das Singen eines speziellen Liedes sein. Die vorliegenden Geschichten, eingebettet in Rituale und Symbolhandlungen, stärken durch den wiederholten Einsatz das Kind in seiner Entwicklung. All diese kostbaren Erfahrungen nehmen die Kinder in ihren ständig wachsenden Lebenskreis mit.

Die mit grosser Sorgfalt ausgewählten Bilder dieses Buches vertiefen das Erzählte, ergänzen den Text und bringen neue Aspekte hinein.

Ich wünsche allen, die dieses Buch zur Hand nehmen und diese Geschichten weitergeben, dass sie durch die Begegnung mit dem Friedenskönig Jesus neue Hoffnung für das Leben entdecken.

Elisabeth Schärer,
Fachmitarbeiterin im Bereich der religiösen Erziehung im Vorschulalter
Abteilung *Pädagogik und Animation*, Reformierte Landeskirche Zürich

Inhalt